JN231638

祈り方が9割

願いが叶う神社参り入門

北川達也

コボル

序章

❖「願いを叶《かな》えるための祈り方」は存在する

２０１６年、アメリカのオバマ大統領をはじめとして、Ｇ７各国の首脳たちは伊勢神宮で世界平和の祈りをささげた。

また、１９７４年から約10年間、経営の神様といわれていた松下幸之助は「伊勢神宮崇敬会《すうけいかい》」の会長をつとめていた。

さらに、１５８２年、天下統一の号令をかけた織田信長は伊勢神宮に対して約４億５千万円（現在の価値）の奉納《ほうのう》をした。

どのように、彼らは、世界を動かし、国を動かし、組織を動かしていたのでしょうか？

どのようなメンタリティーをもって、成功を収めてきたのでしょうか？

それは、「願いを叶えるための祈り方」を知ることによって、自然と導き出すことができます。

ここで、「願いを叶えるための祈り方」というキーワードが出てきました。

実は、このような祈り方が存在するのです。

❖神社に関係のない「都市伝説」には注意する

本書を読んで神社へお参りすると、「願いが叶う」ようになります。
このように聞くと、「特殊能力の開発？」という印象があるかもしれません。

例えば、
「呪文《じゅもん》」や「秘印《ひいん》」、「霊符《れいふ》」、「言霊学《ことたま》」、「数霊学《すうれい》」などの習得、
「オーラ」や「チャクラ」の開発、
「死後の世界」や「過去世《かこせ》」、「未来世《みらいせ》」などへの探索、
「星世界」や「宇宙人」との交信、
『竹内文書《たけうちもんじょ》』や『秀真伝《ほつまつたえ》』などの古史古伝の学習などです。

しかし、ここにあげたものと、神社との関係はありません。

あるとすれば、「都市伝説」です。
都市伝説とは、根拠が曖昧で不明なもののことをいいます。
このような都市伝説には、注意したいものです。

❖「祈り方」を理解できれば、願いは叶う

では、何を知って神社にお参りすれば「願いは叶えられる」のでしょうか？
それは、「祈り方」です。
「祈り方」を理解できれば、願いは叶えられるようになります。
「祈り方」が分かれば、「特殊能力の開発」は一切必要ありません。

❖神職資格をもつ会社経営者視点の神社参りで、結果が得られる

私の立場は、会社経営者です。

そして、私は、社会生活を送りつつ、神社参りを実践しています。

また、「伝統的な神社神道《しんとう》の考え方」を國學院大學《こくがくいんだいがく》で学び、神社本庁から学識が認められ、神職資格を授与《じゅよ》されています。

私の神職資格の階位は、神職養成機関で取得できる最高階位の「明階《めいかい》」です。

本書では、会社経営者として、また一個人の参拝者としての視点から、現実に結果が得られた神社参りのエッセンスのみをお伝えしていきます。

❖マニュアル化により、最短で「願いを叶える技術」を習得できる

日本の「伝統芸能」や「伝統工芸」の見習い職人は、技術を習得するために、「師匠の背中を見て覚えろ」と教育されます。

「師匠の背中を見て覚えろ」とは、「頭で考えるのではなく、体で覚えろ」ということになります。

この下積み期間は、技術を習得するまでに、10年以上必要とされています。

神社の「神職」の世界も、これと同じような世界です。

神職とは、神社の神様を祀《まつ》る職員のことをいいます。

以前は、「神主《かんぬし》」や「神官《しんかん》」ともいっていました。

しかし、「師匠の背中を見て覚える時代」から、現代は「マニュアル化して習得する時代」になりました。

マニュアル化により、その手順を踏むと誰もがある一定の成果を得られます。

私の会社は、マニュアル化を得意とするコンピュータのソフトウェア開発を行っています。

そして、今まで、10年以上かけて習得してきたような「願いが叶う神社参りの方法」をマニュアル化したものが本書です。

本書を読み進めると、効果的な神社参りができるようになります。

さらに、最短で、「願いを叶える技術」を習得することができます。

❖最終的には、「祈り」をマスターする

ここで、本書の構成をお伝えします。

まず、「神社参りの入門」として、「神社境内《けいだい》の知識を身につけること」や「適切な服装を準備すること」からはじめます。

そして、「神社参りの基礎」として、「鳥居《とりい》のくぐり方」、「手水舎《てみずや》の手水の取り方」、「参道《さんどう》の歩き方」、「賽銭《さいせん》箱の前での心得」、「拝殿《はいでん》の中でのご祈祷《きとう》の申し込み方法や作法」などを順番に見ていきます。

さらに、「神社参りの応用」として、「願いを叶えるために必要となる神話」や「神社の背景に流れる思想」、「神社の起源」などもお伝えします。

最終的には、「神社参りの実践」として、「祈り」をマスターするところまで話が進みます。

このときに、「祈り方が9割」の真意が腑《ふ》に落ちると思います。

「祈り」をマスターすると、どのような変化が起こるのでしょうか？

今よりも、愛情あふれる人になれます。
今よりも、清浄《せいじょう》な人になれます。
今よりも、願いが叶う人になれます。

今、願いを叶えるための「十の扉」の開かれる時がきました。

願いを叶えるための「十の扉」

序章

第一の扉　神社参りの入門　知識編

01 願いが叶《かな》う人は、神社境内《けいだい》の施設を知る

02 願いが叶う人は、定期的にお参りする

第二の扉　神社参りの入門　服装編

第三の扉　神社参りの基礎　参道編

第四の扉　神社参りの基礎　賽銭編

第六の扉　神社参りの応用　神話編

第七の扉　神社参りの応用　神道編

第八の扉　神社参りの応用　歴史編

第十の扉　神社参りの実践　愛情編

40 願いが叶う人は、「祈りの神髄《しんずい》」を知る

結び

第一の扉

神社参りの入門　知識編

01 願いが叶う人は、神社境内の施設を知る

❖神社参りは、「神社を知る」ことからはじまる

まずは、神社にお参りするための下準備として、「神社を知る」ことからはじめます。

これは、人間社会でいうと、新しく取引をしたいと思う会社があるときに、その会社を事前に調べてから訪問するのと同じようなことです。

事前に、知ってから訪問すると話はスムーズに運びます。

しかし、調べずに訪問すると話はうまく運びません。

そこで、まずは、神社にお参りする前に、「神社とは何か？」、「神社境内《けいだい》には何があるのか？」などを確認しておくことにします。

❖神社とは、神様を祀《まつ》る社殿《しゃでん》とその関連施設全般をいう

そもそも「神社」とは、どのようなものなのでしょうか？

神社とは、神様をお祀りするための「社殿」という建物を中心に、その関連施設全般をいいます。

また、その社殿を囲む一定の敷地の範囲を「境内」といいます。

では、ここで、「神社境内の基本施設の配置」を見ておきます。

◉神社境内の基本施設の配置

神社の入口に、「鳥居《とりい》」
鳥居の近くに、「手水舎《てみずや》」
そして、「参道《さんどう》」を歩いて行くと、「賽銭箱《さいせん》」
その奥に、「拝殿《はいでん》」、一番奥に、「本殿《ほんでん》」
そのそばに、「授与所《じゅよ》」など

この配置が分かると、神社境内はとてもシンプルに見えてくると思います。

神社境内《けいだい》の基本施設の配置

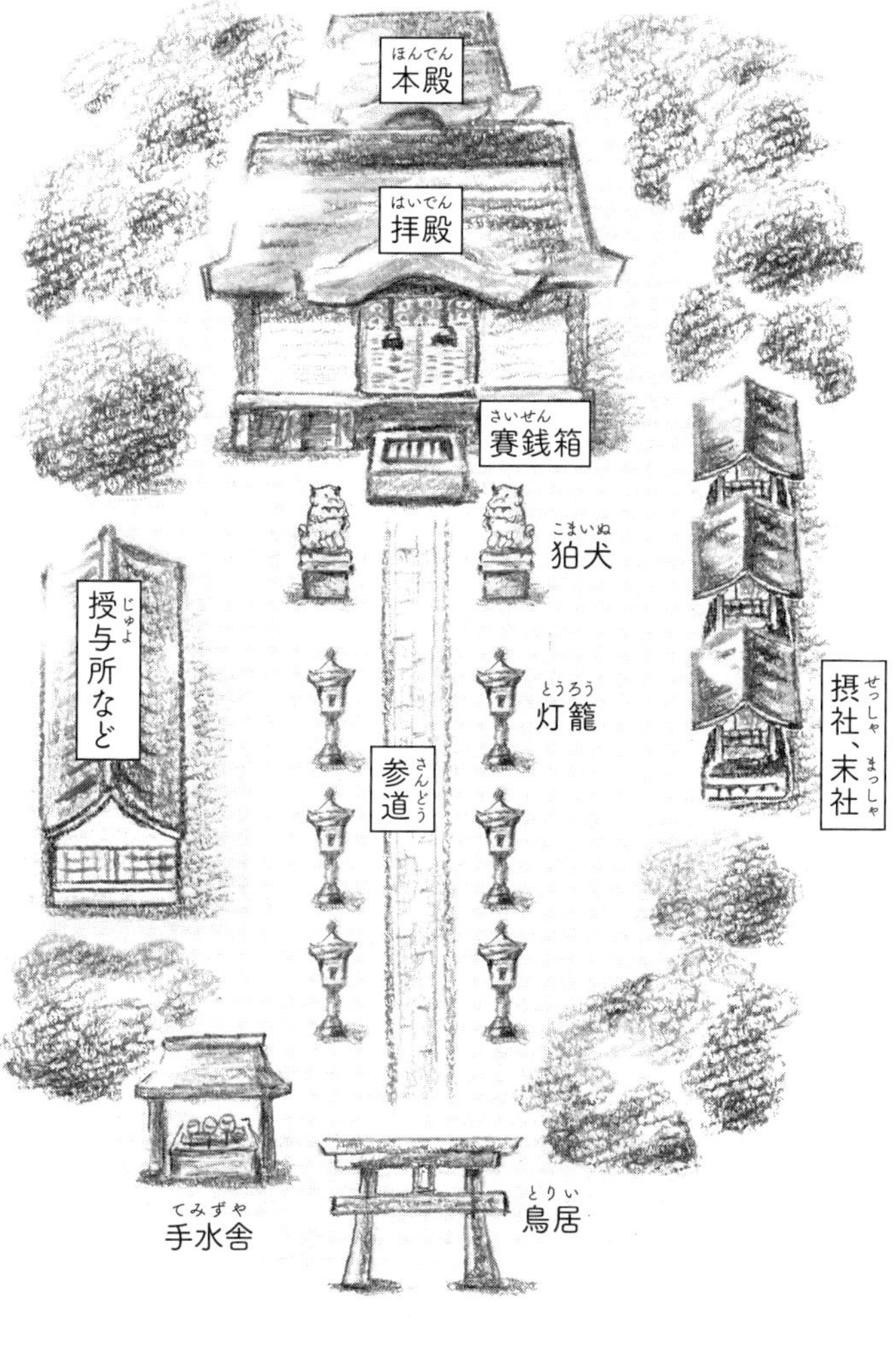

❖事前に、神社境内の各施設の意味を確かめておく

次に、事前に、神社境内の各施設の意味を確かめておきます。

◉本殿

神様が降臨《こうりん》する「ご神体《しんたい》」を安置している最も神聖な社殿

参拝者は、入ることができない

◉拝殿（神楽殿《かぐらでん》）

参拝者は、「ご祈祷《きとう》」を受けることにより、入ることができる

◉授与所

「お神札《ふだ》、お守り、おみくじ、絵馬《えま》、ご朱印《しゅいん》」などを授かる建物

◉ご祈祷の受付

「ご祈祷」の申し込みを受け付けている場所

授与所に併設されていることが多い

◉社務所

神社の神職が社務を行う建物

◉摂社《せっしゃ》、末社《まっしゃ》

本殿や拝殿とは別にある小さな社《やしろ》

◉鳥居

2本の柱と2本の横木（笠木《かさぎ》と貫《ぬき》）を組み合わせた門

◉手水舎

「手水」を取る水盤を置く建物

◉賽銭箱

「賽銭」を入れるための箱

◉灯籠《とうろう》

神様のご加護をより一層強く願う気持ちから立てられているもの

◉狛犬《こまいぬ》

魔の侵入を防ぎ、神社を守護する像

神社境内《けいだい》の各施設

賽銭箱《さいせん》

鳥居《とりい》

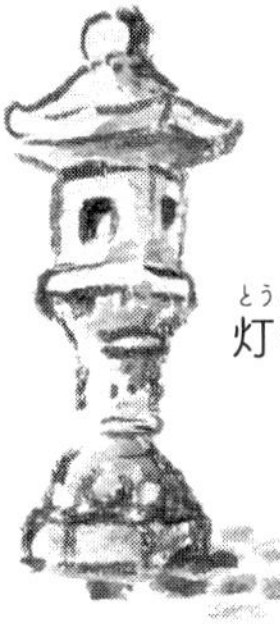
灯籠《とうろう》

手水舎《てみずや》

狛犬《こまいぬ》

02

願いが叶う人は、定期的にお参りする

❖神社参りには、初詣《はつもうで》や月参《つきまい》り、日参《にっさん》、百度参り、巡拝《じゅんぱい》などがある

ここで、神社への代表的なお参りの仕方をお伝えします。

・新年のはじめに、お参りする「初詣」
・毎月一度、お参りする「月参り」
・日ごとに、お参りする「日参」
・一日のうちに、境内の参道を百回往復する「百度参り」
・複数の神社を一度に続けてお参りする「巡拝」

このように、神社参りの仕方は色々です。

基本的には、どのようなお参りの仕方をしても自由です。

ただし、お参りが簡単すぎると神社に対する意識が薄らいでしまいます。

かといって、過度なお参りを続けていると社会生活がおろそかになってしまいます。

そこで、私は、簡単すぎない、過度になりすぎない、誰もが実行しやすい神社参りの仕方を「月参り」と考えています。

❖定期的に神社参りを続けていると、「ご神徳《しんとく》」が得られる

「月参り」の注意点として、「無理をしすぎない」ということがいえます。

厳格に月ごとのお参りを守り続けていくと、その反動でお参りする気力がなくなってしまうこともあると思います。

そこで、「月参り」が厳しいときには、毎月一度にこだわらずに、お参りの最適なペースを見つけることも大切です。

神社参りは、一時頑張るものではなく、継続することによって価値が生まれてくるものです。

定期的に神社参りを続けていると、私たちの感性は研ぎ澄まされていきます。

そして、大きな「ご神徳」が得られることもあります。

ご神徳とは、私たちに対する神様からの恵みのことをいいます。

ご神徳が得られるようになると、神社参りは面白くなってくるものです。

❖様々な状況や季節により、お参りする神社を変えるのは自然なこと

多くの場合、「月参り」とは月ごとに「特定の一つの神社」にお参りすることをいいます。

ですが、本書では、月ごとに「色々な神社の中から一つの神社」を選んでお参りすることを「月参り」ということにします。

「月参り」は、崇敬《すうけい》する神社にお参りすることからはじまります。

もし、崇敬する神社が決まっていないときには、崇敬する神社が決まるまで、色々な神社にお参りするといいと思います。

実は、崇敬する神社といっても、特定の一つの神社に絞る必要はなく、複数あっていいのです。

そして、複数の崇敬する神社の中から、様々な状況や季節によって、月参りする神社を変えていくのは自然なことといえます。

なぜなら、遠方の神社への毎月のお参りは難しいことが多いからです。

また、冬場は雪が積もり、お参りが困難になる神社もあるからです。

ちなみに、私は、月ごとに、後述する「八つの神社」をはじめとして、その他、様々な崇敬する神社の中から一か所の神社を選んでお参りしています。

❖複数の神社へのお参りも問題ない

「崇敬する神社は複数あっていい」と聞くと、「神様同士ケンカしないのか？」と少し心配になるかもしれません。

この心配を解消するためには、伝統的な神棚の祀《まつ》り方が参考になります。

伝統的な神棚の祀り方では、一つの神棚に複数の神社の神様の「お神札《ふだ》」をお祀りしていいことになっています。

このようにお祀りされていること自体が「神様同士ケンカしない」という証拠になると思います。

そのため、複数の神社にお参りをしても全く問題ありません。

❖お参りの日取りは、「大安」などを参考にする必要はない

カレンダーや手帳などに、「大安、仏滅、友引、先負、先勝、赤口《しゃっこう》」などの言葉が書かれていることがあります。

これらは、「六曜《ろくよう》」といって、中国の吉凶《きっきょう》占いから取り入れられたものです。

さて、神社にお参りする日取りは、「仏滅」を避けて「大安」や「友引」にするなど、六曜を参考にしたほうがいいのでしょうか?

実は、参考にする必要はありません。

なぜなら、神社と六曜には、直接的な関係がないからです。

03 願いが叶う人は、いい神社の見分け方を知る

❖いい神社の見分け方は、「まつり」とは何かを知ることからはじまる

願いを叶《かな》えるためには、いい神社にお参りすることが大前提となります。そこで、いい神社を見分けるための基礎として、「まつり」とは何かを知ることからはじめます。

私たち一般人が「まつり」と聞くと、多くの場合、大勢の人が集まり、お神輿《みこし》を担ぎ、賑《にぎ》わっているなどのイメージをするのではないでしょうか?

ですが、多くの神職が「まつり」と言う場合、私たち一般人のイメージする「まつり」とは異なっているのです。

❖「祀《まつ》り」とは、厳格な儀式のことをいう

本書では、便宜上、神職が言う「まつり」を「祀り」、一般人が言う「まつり」を「祭り」と分けることにします。

「祀り」とは、古代から形が変わることのない厳格な儀式のことをいいます。広くは、「ご祈祷《きとう》」や「参拝者の祈る行為」も「祀り」に含まれます。ご祈祷とは、通称「お祓《はら》い」ともいい、神職が参拝者の願い事を神様に取り次ぐことをいいます。

一方、「祭り」とは、時代とともに形を変えて、多くの人が参加して、神様とともに賑わうことをいいます。

そして、「祭り」には、町内などの地域のコミュニケーションを円滑にする役割もあります。

「祭り」の具体例として、「お神輿《みこし》を担ぐ」、「山車《だし》を引く」、「お囃子《はやし》を聴く」、「屋台で楽しむ」などがあげられます。

本来、「祀り」と「祭り」は、ワンセットになっているものです。

また、両方とも「まつり」の要素として大切なものとされています。

ただし、願いを叶えるための要素としては、「祭り」よりも「祀り」のほうがより重要といえるのです。

❖いい神社は、社殿などを「修理」し、「祀《まつ》り」に専念している

いい神社とは、具体的に、どのような神社なのでしょうか？

いい神社とは、「社殿などを修理し、祀りに専念している神社」といえます。

このことは、神社の長い歴史の中からも伝えられていることです。

ここでいう「修理」とは、神社境内にある施設などを直《なお》すことはもちろんのこと、「清掃」や「維持管理」なども含まれています。

いい神社を別の言葉で表現すると、「発展気運のある神社」ともいえます。

発展気運とは、「物事の勢いが増すような雰囲気」という意味です。

発展気運のある神社にお参りして「祈り」をささげると、私たちの人生に、プラスの作用がもたらされると思います。

04 願いが叶う人は、発展気運のある神社にお参りする

❖一度は行きたい発展気運のある「八つの神社」

ここで、発展気運のある神社の具体例に進みます。

一度は行きたい「八つの神社」です。

今回は、誰もが分かりやすいように、広い境内や大きめの社殿をもっていて発展気運に満ちている神社をお伝えします。

できることなら、最低一度は、全ての「八つの神社」にお参りして、各神社の雰囲気の違いを味わってみてはいかがでしょうか。

❖発展気運のある「八つの神社」リスト

神社名	主なご祭神《さいじん》名（別名）	所在地
伊勢神宮（内宮《ないくう》）	天照大御神《あまてらすおおみかみ》	三重県伊勢市宇治館町1
岩木山《いわきやま》神社	顕國魂神《うつしくにたまのかみ》（大国主神《おおくにぬしのかみ》）他	青森県弘前市百沢字寺沢27
彌彦《やひこ》神社	天香山命《あめのかごやまのみこと》（高倉下命《たかくらじのみこと》）	新潟県西蒲原郡弥彦村弥彦2887－2
出雲大社	大国主大神《おおくにぬしのおおかみ》（大国主神）	島根県出雲市大社町杵築東195
箱根神社	瓊瓊杵尊《ににぎのみこと》 他	神奈川県足柄下郡箱根町元箱根80－1
大神《おおみわ》神社	大物主大神《おおものぬしのおおかみ》（大国主神）	奈良県桜井市三輪1422
熊野本宮《ほんぐう》大社	家都美御子大神《けつみみこのおおかみ》（素戔嗚尊《すさのおのみこと》）	和歌山県田辺市本宮町本宮1110
霧島神宮	瓊瓊杵尊	鹿児島県霧島市霧島田口2608－5

発展気運のある「八つの神社」

コラム 1

「神社」には鳥居があり、「お寺」には門扉《もんぴ》がある

ここで、念のために、「神社」と「お寺」の違いを確認しておきます。

まず、社会科の授業の復習のようですが、日本の仏教の宗派からです。

日本には、平安時代から「天台宗」、「真言宗」などがありました。

そして、鎌倉時代に入り、「浄土宗」、「浄土真宗」、「日蓮宗」、「臨済宗《りんざいしゅう》」、「曹洞宗《そうとうしゅう》」などが加わりました。

これらは、「神道《しんとう》」ではなく、「仏教」の宗派です。

なお、神道については後ほど詳しく見ていきます。

ちなみに、「神道」は「しんどう」と濁らずに「しんとう」と読みます。

次に、「神社」と「お寺」の基本的な見分け方です。

これは、とても簡単で、多くの場合、入口の「鳥居」の有無で見分けることができます。

鳥居があるときは、「神社」です。
「お寺」には、鳥居がなく、門扉があります。

しかし、数は少ないですが、これに当てはまらないこともあります。

コラム 2

「神社」は神道の施設、「お寺」は仏教の施設

では、もう少し詳しく、「神社」と「お寺」の違いを見ていきます。比べると、「神社」と「お寺」の違いがより明確になると思います。

◉「神社」と「お寺」の主な違い

「神社は、神道の施設」	「お寺は、仏教の施設」
「神社は、日本で発祥」	「お寺は、インドで発祥」
「神社は、日本の神様を祀《まつ》る」	「お寺は、仏様を安置する」
「神社の入口には、鳥居がある」	「お寺の入口には、門扉がある」
「神社に勤める人は、神職」	「お寺に勤める人は、僧侶《そうりょ》」
「神職は、古文の祝詞《のりと》を唱える」	「僧侶は、漢文の経文《きょうもん》を唱える」

第二の扉

神社参りの入門 服装編

05 願いが叶う人は、最高級のドレスコードを知る

❖神社参りにも、ドレスコードがある

ここからは、実際に、神社へお参りするための服装の準備をはじめます。

フランス料理のレストランにドレスコードがあるように、神社にもドレスコードがあるお参りが存在します。

ここでは、伊勢神宮の「特別参拝」と出雲大社の「八足門内拝礼《やつあしもんないはいれい》」の服装基準をお伝えします。

なぜ、ドレスコードがあるのでしょうか？

それは、神様に対する「礼」のためです。

ここで、現代礼法の基礎となっている「小笠原流礼法」の考えを借用します。
礼とは、「他人に不快感を与えない配慮」をいいます。
具体的には、「目立たないこと」、「控えめなこと」です。
また、礼は、規律や規則ではなく、臨機応変に対応するものとされています。

では、このことを念頭に置きながら、話を進めます。

❖服装で、神様に敬意を示す

最初に、伊勢神宮の「特別参拝」の服装基準です。

「特別参拝」とは、伊勢神宮の御垣内《みかきうち》に入ってお参りすることをいいます。

通称では、「御垣内参拝」ともいわれています。

この参拝は、「特別参宮章《さんぐうしょう》」を持つ、信仰心のあつい人にのみ許されているものです。

「特別参拝」の服装基準は、「特別参宮章」の「ご留意事項4」で以下のように書かれています。

「男子は背広・ネクタイ、女子はスーツ等フォーマルな服装でご参入下さい」

この服装は、神様に「敬意を示すためのもの」とされています。

❖伊勢神宮の「特別参拝」は、スーツでないと受けられない

「特別参宮章」に書かれている「背広、ネクタイ、スーツ」といっても、色々なものがあります。

そこで、私の考えも含まれますが、より具体的な例を見ていきます。

誰でも分かる伊勢神宮の「特別参拝」の服装基準です。

◉男性の服装

現代の日本基準の礼服のブラックスーツ、または世界基準の礼服のダークスーツを着用するといいでしょう。

ジャケットとズボンの色違いはＮＧです。

真夏でも上着、ネクタイは必須です。

ワイシャツの色は、白にして、カラーシャツは避けましょう。

ネクタイは、赤や青などの派手な色は避けます。

ループタイ、ひもタイはＮＧです。


靴下は黒、靴は黒の革靴をはきましょう。

スニーカー、サンダルはＮＧです。

◉女性の服装

ワンピース、またはツーピースのジャケット付きスーツで、スカート丈がひざ下のものを選び、ベージュのストッキングを着用しましょう。

スーツの色は、ブラックかダークにして、派手な柄《がら》は避けます。

パンツスーツ、カラータイツ、素足などはＮＧです。

靴は、黒のパンプスをはきましょう。

つま先、かかとが露出するサンダルやミュールなどの靴はNGです。

ブーツもNGです。

◉子どもの服装

小学生、中学生、高校生に限り、学校の制服であれば、上下色の違うものでもOKです。

ただし、派手な制服はNGです。

その他の条件は、大人の条件に準じています。

なお、未就学児童は御垣内《みかきうち》に入れません。

◉共通の注意点

帽子をかぶっていれば、脱帽します。

マスクをしている場合、外しましょう。

傘が必要なときには、黒のものを用います。

「特別参拝」は、おおよそ、このような服装でないと受けられません。

なお、御垣内での私語、電話、モバイル端末の操作、撮影などは厳禁です。

その他のことは、伊勢神宮の神職の判断に委ねることになります。

06 願いが叶う人は、スーツでお参りする

❖肩、ひざ、つま先、かかとの露出は避ける

次に、出雲大社の「八足門内拝礼《やつあしもんないはいれい》」の服装基準です。

「八足門内拝礼」とは、出雲大社の本殿《ほんでん》の手前の「八足門」の内側に入りお参りすることをいいます。

ここでも、最終的な判断は出雲大社の神職に委ねることになります。

◉絶対に避けたい男女共通の服装

肩、ひざを露出する服装、つま先、かかとの露出する靴は避けましょう。

◉男性の無難な服装

襟《えり》付きシャツ、長ズボン、靴下を着用しましょう。

◉女性の無難な服装

スカート丈がひざ下のものを着用して、素足は避けましょう。

❖身だしなみを整えることは、神様への最低限の礼

ここまでに、「特別参拝」と「八足門内拝礼《やつあしもんないはいれい》」の服装基準を見てきました。

ですが、お参りするときの服装は、多くの神社では私たち参拝者の自主的な考えに任されています。

自主的な考えといっても、何でもいいわけではなく、身だしなみを整えることは神様への「最低限の礼」といえます。

そこで、常日頃は、「八足門内拝礼」のような服装でお参りしてください。

例えば、タンクトップであったとしても、神社に着いてから、襟付きシャツなどの上着を着用すればいいだけです。

ただし、願いを叶《かな》えるための服装は、やはり、神様に敬意を示す「特別参拝」のスーツなのです。

07 願いが叶う人は、登拝の服装も知る

❖登拝《とはい》とは、神様が降臨《こうりん》する山に敬《うやま》い謹《つつし》んで登ること

ここで、服装の番外編、「登拝」するときの服装です。

登拝とは、神様が降臨すると信じられている山に、敬い謹んで登ることをいいます。

登拝できる代表的な神社は、大神《おおみわ》神社です。

大神神社の「ご神体《しんたい》」は、三輪山《みわやま》になります。

❖登拝でも、派手な服装はよくない

三輪山は、大神神社《おおみわ》の「ご神体」のため、古くから禁足地とされてきました。
禁足地とは、入ることを禁じられている場所をいいます。

しかし、信仰心のあつい人のために、現時点では登拝が許されています。
ただし、登拝が禁止されている日もあります。
ですから、登拝するときには、事前に大神神社へ確認してください。

登拝は、まず、大神神社にお参りすることからはじまります。
お参りのときの服装は、前に見てきたスーツなどの服装です。
お参りが済んだ後、登拝に適した動きやすい服装に着がえます。
ただし、登拝でも、礼に欠けるような派手な服装はよくないとされています。

❖登拝は、神社にお参りするような気持ちで行う

登拝の受付は、大神《おおみわ》神社の摂社《せっしゃ》の狭井《さい》神社で行います。受付は、帰りのことを踏まえると、午前中に済ませたほうがいいと思います。受付を済ませた後、登拝開始です。

三輪山の登拝は、往復で3~4時間くらいかかります。山中での飲食、撮影は禁止されています(体調管理のための水分補給はＯＫ)。また、山中にトイレはありません。

そして、神社にお参りするような厳《おごそ》かな気持ちで登拝してください。なぜなら、楽しみながら行うハイキングとは異なり、登拝の目的は神様が降臨する山に敬い謹んで登ることにあるからです。

コラム3

社号には、神宮、宮、大社、神社、社などがある

伊勢神宮や出雲大社など、名称に「神社」とつかない施設がありますが、それらの施設も神社なのでしょうか？

神社の「社号」の観点から見ると、もちろん神社にあたります。

神社の社号には、主に、「神宮」、「宮」、「大社」、「神社」、「社」などがあり、これら全てが「神道《しんとう》」の礼拝施設の神社にあたるのです。

それでは、一つ一つの社号の内容を見ていきます。

◉神宮

三重県にある伊勢神宮の正式名は、「神宮」です。

「伊勢神宮」という呼び方は、世間一般の通称です。

神職は、「伊勢神宮」と言わずに、「神宮」とだけ言います。

もし、「伊勢」とつける場合には、「伊勢の神宮」という言い方をします。

ちなみに、伊勢神宮は、「日本全体の総氏神《そううじがみ》」とされています。

そして、「神宮」にも「宮」とつきますが、伊勢神宮のみ「別格」の存在と考えられているので、次に見ていく「宮」の社号と分けて考えています。

◉宮

「宮」の社号は、皇室に縁のある神社、または古くから「宮」と呼ばれていた神社に用いられます。

例えば、霧島神宮などがこれにあたります。

ただし、皇室に縁があっても、社号が「神社」の場合もあります。

◉大社

「大社」は、もともと、出雲大社のものとして用いられていました。

現在では、出雲大社以外にも、広く崇敬《すうけい》を集める神社に「大社」の社号が用いられています。

◉神社、社

「神社」と「社」は、一般的な呼び方で、広く用いられています。

第三の扉

神社参りの基礎　参道編

08 願いが叶う人は、「畏敬の念」をもってお参りする

❖まずは、神社の観光からはじめる

ここから、「神社参りの基礎　参道編《さんどう》」へと入っていきます。

神社参りは、色々な神社を観光することからはじめます。

私は、神社に観光しながらお参りすることを「観光参り《かんこうまい》」と呼んでいます。「観光参り」では、鳥居《とりい》や社殿《しゃでん》などの建築物を見物したり、「神社の由緒」を読んだりしながら、色々な神社を知ることが大切です。

❖「畏敬《いけい》の念」をもつと、神なるものを身近に感じられる

「観光参り」の次の段階が「感性参《かんせいまい》り」です。

昔の日本人は、「神社には畏《おそ》れ多い神様がいて祀《まつ》りを怠ると、穀物不足や大雨被害、突風被害、疫病《えきびょう》流行などの自然災害をもたらす」と考えていました。

そのため、自然災害が起こらないように、神様を祀ってきたのです。

このようなことから、昔の日本人は、神様に「畏敬の念」をもっていました。

畏敬の念とは、神様に対して、「畏れ謹《つつし》む心」をいいます。

例えるなら、身だしなみを整え、背筋を伸ばすような気持ちのことです。

そして、畏敬の念をもつことにより、神なるものを身近に感じていたのではないのかと思います。

では、現代の私たちに、畏敬の念をもつことはできるのでしょうか？

実は、心がけしだいで、畏敬の念をもつことができるのです。

例えば、厳粛《げんしゅく》な冠婚葬祭の場面を思い浮かべてください。
そのときには、その雰囲気にふさわしい精神状態になれると思います。
この冠婚葬祭での精神状態は、畏敬の念に近い精神状態といえるのです。
その上で、神様に「畏れ謹む心」があれば畏敬の念をもった状態といえます。

畏敬の念をもって、お参りすることを「感性参り」といいます。
現代人でも、「感性参り」をすることによって、神なるものを身近に感じられるようになれると思います。

❖会話は必要最低限にして、意識を内面に向けてお参りする

友達や恋人、家族と一緒に、神社にお参りするのは楽しいものです。
しかし、願いが叶《かな》う人は一人でひっそりとお参りしています。

なぜ、一人でお参りするのでしょうか？

それは、神なるものに意識を向けるためです。

例えば、友達とお参りすると友達のほうに意識が向いてしまいます。
会話も、恋人や会社、家庭などの普段の生活のことが多くなると思います。
そのような会話をすると、気が散ってお参りに集中しにくくなります。

神なるものに意識を合わせるコツは、なるべく気持ちを拡散させないようにして、意識を内面に向けることからはじまります。

そのためには、何よりも、会話をしないことがポイントになります。

願いを叶える神社参りは、人と人との交流ではありません。人と神なるものとの交流なのです。

それでも、たまには、誰かと一緒にお参りしたいときもあると思います。そのようなときには、「神社に着いてからの会話は必要最低限にしよう」と、事前に決めておけばいいと考えます。

09 願いが叶う人は、鳥居から中を「聖なる空間」と知る

❖「聖なる空間」の撮影には、節度をもつ

神社の鳥居は、「聖なる空間」と「俗《ぞく》なる空間」の境界に立っています。

ここでは、鳥居の内側にある神社の境内《けいだい》を「聖なる空間」、それ以外のところを「俗なる空間」と考えます。

多くの神社では、拝殿《はいでん》の中の撮影は禁止されています。

さらに、本殿《ほんでん》の中は見ることもできません。

その理由は、本殿と拝殿が最も尊ばれる「聖なる空間」だからです。

そして、本殿と拝殿を中心に、神社境内も「聖なる空間」といえます。

このように考えると、本殿と拝殿だけでなく、神社境内を撮影することに対しても「節度をもつ必要がある」といえます。

まして、ブログやSNSへの節度のない写真や動画などの個人的な投稿も避けたいものです。

10 願いが叶う人は、鳥居をくぐったときから陶酔していく

❖鳥居をくぐるときには、会釈《えしゃく》の作法がある

鳥居をくぐる瞬間から、神なるものとの対話がはじまります。

そこで、鳥居をくぐるときには、必ず「会釈」の作法をしてください。

会釈とは、角度が15度のお辞儀《じぎ》をいいます。

なお、お辞儀の角度については、P156のコラムで詳しく見ていきます。

作法とは、「しきたり、決まり」という意味です。

そして、作法の根底には、「心を姿にあらわす」という精神があります。

会釈は、神様に対する敬意を自然な形であらわす姿とされています。

また、「神社参りは会釈にはじまり会釈に終わる」といわれています。

鳥居での会釈は、それほど大切なことなのです。

はじめは、会釈に、恥ずかしさを感じるかもしれません。

しかし、慣れてしまうと会釈をせずにはいられなくなるものです。

❖神社参りは、会釈《えしゃく》にはじまり、会釈に終わる

◉鳥居をくぐるときの手順

①鳥居の手前で、いったん立ち止まって直立します
②上体を15度前方に倒します（15度は、頭一つ分が目安です）
③上体を倒したときに、１秒間、頭を止めます
④上体を起こし、直立の姿勢に戻ります
⑤再び、歩きはじめます

お参りが済んで帰るときにも、鳥居を出てからすぐに、神社のほうへ向き直《なお》って、同じ要領で会釈をしてください。

❖神話を知って、陶酔《とうすい》することで、神社参りはより深まる

鳥居では、「ただいまから神様のいらっしゃる境内に足を踏み入れます」という気持ちで会釈《えしゃく》をします。

そして、私たちの住んでいる「俗なる空間」から、神社の「聖なる空間」へと陶酔していくのです。

これは、映画のストーリーに陶酔する行為と同じようなことといえます。

映画館では、スクリーンに映し出される映画のストーリーに陶酔していくと、そのストーリーと同じような体験ができるものです。

例えば、「手に汗にぎる」、「息をのむ」、「涙を流す」などです。

しかし、ストーリーに陶酔できない映画は何も起こらずに退屈なものです。

このように考えると、映画のストーリーに陶酔することによって映画館に行く価値があるといえます。


実は、映画館と同じように、神社にも陶酔できるストーリーが流れています。


そのストーリーの代表が「神話」です。

神社とは、神話を知り、神話に陶酔することによって、神話と同じような体験ができる場所でもあります。

神話に陶酔できると、神社参りはより深まります。

11 願いが叶う人は、手水で「穢れ」を「清浄」にする

❖手水は、「イザナキの禊《みそぎ》」が簡略化した行為

神社参りは、心身の「穢《けが》れ（汚穢《おえ》ともいう）」を清めて、「清浄《せいじょう》」な状態に近づくことからはじまります。

では、どのようなことをすると「清浄な状態」に近づけるのでしょうか？

それは、まず、「手水を取る」ことです。

「手水を取る」とは、鳥居のそばにある「手水舎《てみずや》」の水を柄杓《ひしゃく》ですくって、手と口をすすぐことをいいます。

手水の原形は、「伊耶那岐神《いざなきのかみ》（以下、イザナキ）が水に入って、身をすすぐ」という神話にあります。

このイザナキの行った行為を「イザナキの禊」といいます。

その「イザナキの禊」が時代の流れの中で簡略化して、現代では、「手水を取る」行為となりました。

❖手水を取るときには、「手水を取る作法」がある

手水舎で手水を取るときには、「手水を取る作法」があります。

ここで、その作法を見ておきます。

◉「手水を取る作法」の手順

①右手で柄杓《ひしゃく》の柄《え》を持ち、水盤から柄杓で水をすくいます
（水盤から柄杓で水をすくうのは、この一回限りです）
②左手の手のひらを水ですすぎます
③柄杓の柄を左手に持ち替えます
右手の手のひらを水ですすぎます
④再度、柄杓の柄を右手に持ち替えます
左手の手のひらを受け皿のようにして、水をそそぎためます
左手の手のひらの水を口に含んで、口をすすぎます
水を口から出すときに、口元が見えないように、左手で隠します
⑤もう一度、左手の手のひらを水ですすぎます
⑥両手で柄杓の柄を持ち、次に柄杓を立てて、柄を水で洗い流します
柄杓を置いてあった位置に戻します

手水を取る作法

①柄杓《ひしゃく》で水をすくう

②左手をすすぐ

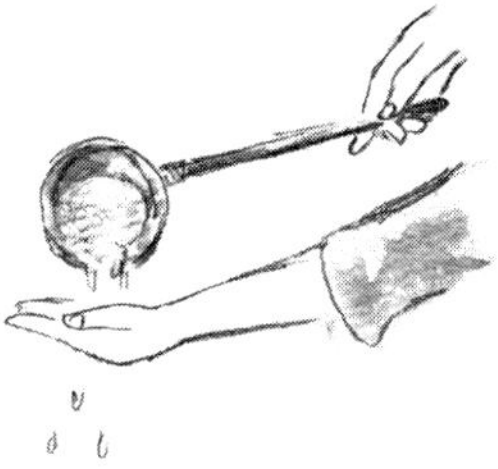

③右手をすすぐ

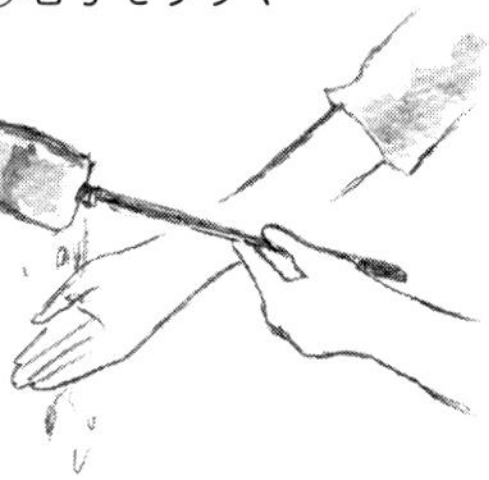

④口をすすぐ

⑤左手をすすぐ

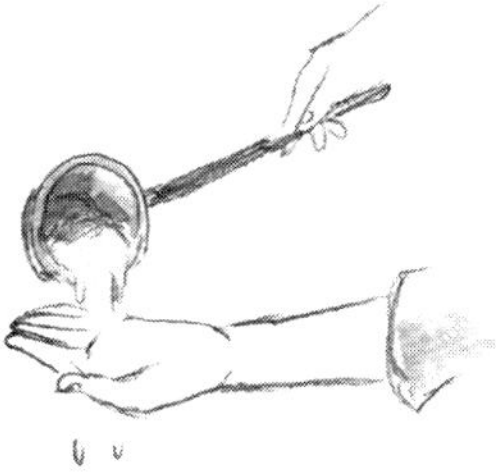

⑥柄《え》を洗い流す

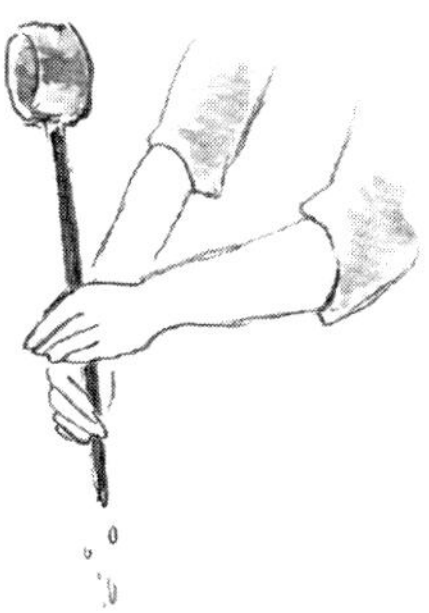

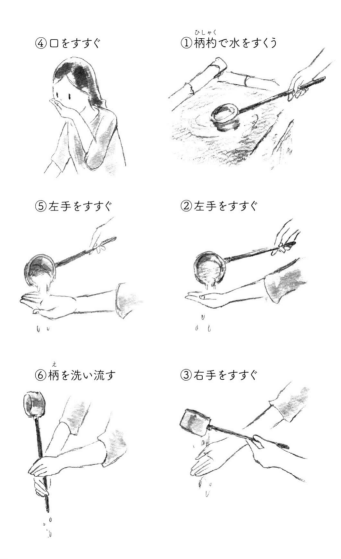

◉「手水を取る」ときの注意点

・柄杓に口をつけることは、ルール違反です
・手や口をすすいだ水が水盤に入らないようにしましょう
・うがいをしてはいけません
・柄杓の水は、2杯以上使わずに、1杯分で済ませましょう

12 願いが叶う人は、参道で玉砂利の音を聴く

❖参道は、私たちを「清浄」にしてくれる場所

なぜ、神社の参道には、「玉砂利」が敷かれているのでしょうか？

これは、外国人の参拝者からの最も多い質問です。玉砂利を見慣れていない外国人にとっては、不思議な光景に見えるようです。確かに、利便性だけ考えると、玉砂利よりもコンクリートやアスファルトのほうが歩きやすいといえます。

それでも、多くの神社の参道には、玉砂利が敷いてあります。

玉砂利を敷く主な理由は、参道を「清浄に保つため」です。

多くの玉砂利は、清浄な川から採取されています。

実は、清浄な川の清らかさを表現するために玉砂利が敷かれているのです。

そのようなことを心に留めて、玉砂利を踏みしめる音を聴きながら、参道を歩いて行くと気持ちも清まると思います。

よって、手水舎と同じく、参道も、私たちを「清浄」にしてくれる場所といえます。

❖五感を開いて、参道を歩く

神社参りのとき、参道では玉砂利の音、玉砂利のない場所では風の音や木々の葉の揺れる音、小鳥のさえずりなどに耳を傾けます。

さらに、自然を全身で感じるのです。

普段の社会生活では、人の会話や音楽、車の騒音などに刺激されて、気づかないうちにストレスが溜まっているものです。

神社の参道は、自然と接することのできる空間で、日頃のストレスを軽減してくれる場所でもあります。

参道の木々たちは、お参りするたびに姿を変えます。

春の若葉、夏の新緑、秋の紅葉、冬の落葉などを見ることによって、木々たちの命の躍動や育《はぐく》みを実感させられます。

木々たちは、そのときどきの命を精一杯に表現しているのです。

その命を感じながら、一歩一歩、視覚や聴覚、触覚などの五感を開き、参道を歩いて行きます。

実は、神社とその周辺の自然環境全てが神様の「生かす力」のあらわれとされているのです。

特に参道では、「生かす力」を感じてください。

「生かす力」を感じると、普段の「俗なる空間」にいた自分と「聖なる空間」にいる自分の違いに気づかされます。

「生かす力」を感じる

13 願いが叶う人は、全身でパワーを受け取る

❖神社とその周辺の自然環境全てがパワースポット

神社の境内には、雑誌などで紹介されている「パワースポット」といわれている場所があります。

パワースポットとは、生命力を取り入れられる場所という意味です。俗に、特定の井戸や巨木、石などがパワースポットにあたり、そこに手をかざしたり、さわったりすることでパワーを取り入れられるといわれています。

しかし、この考え方が古代から続く神社の信仰をゆがめています。
そして、参拝者の願いを叶える妨げにもなっているのです。

なぜなら、特定のものに手をかざしたり、さわったりしなくても、神社ではパワーを十分に取り入れることができるからです。

一方、「手をかざしたり、さわったりしないとパワーが受けられない」と思っていると、その考えが「思い込み」となり、せっかくのパワーを全身で受けられなくなってしまいます。

神社にみなぎるパワーは、手先だけで受け取れるような小さなものではなく、「全身で受け取ってもあまりあるほど大きなもの」と思います。

もちろん、神社にある特定の井戸や巨木、石などだけがパワースポットではありません。

神社とその周辺の自然環境全てが「パワースポット」と呼べる場所なのです。

❖神社の木に抱きつく行為はＮＧ

パワースポットのブームに乗じて、参道に立っている木に抱きついたり、木に触れたりする参拝者がいます。

この行為によって、木の皮がむけてしまってツルツルになり、最終的には、実際に、木が枯れてしまうことが起こっています。

木が枯れてしまうことに困った神社は、そのような参拝者から木をガードするために、木の幹に竹を割って巻くようになりました。

これは、木を保護するための苦肉の策です。

このようなことから、「神社の木に抱きついたり、触れたりする行為はＮＧ」とお伝えしておきます。

❖神社で一番のパワースポットは「本殿」

鳥居をくぐって手水を取った後、まっすぐに本殿（拝殿）の手前にある「賽銭《さいせん》箱の前」に向かいます。

その理由は、しっかりと、「本殿」に向かって「祈り」をささげるためです。

ここまでに、神社とその周辺の自然環境全てがパワースポットとお伝えしてきました。

もう少し詳しく見ると、多くの神社では、「本殿」の中に安置する「ご神体《しんたい》」に神様が「降臨《こうりん》」して、神様の「ご神徳《しんとく》」が神社とその周辺の自然環境全てにくまなく行きわたっていると考えられます。

実は、歴史的に見ても、神社の構造的に見ても、立地的に見ても、神職の祀《まつ》りの時間の長さから見ても、神社の中で圧倒的にパワーがみなぎっている場所は最も神聖な「本殿」といえるのです。

コラム4

社格とは、以前、国が定めていた神社の格式のこと

神社には、「社格」が定められていました。

「社格」とは、由緒などを参考に、以前、国が定めていた神社の格式のことをいいます。

そして、古代から戦後まで、時代によって変遷《へんせん》してきました。

主な「社格」は、大体の年代順に並べると、二十二社（22社）、式内社《しきないしゃ》（2861社）、一宮《いちのみや》（68社）、総社《そうじゃ》（68社）、近代の官社（97社）などです。

なお、「社格」の分類の中には、多くの神社が重複しています。

また、カッコ内の社数はおおよその数です。

現代では、「社格」は廃止され、別表《べっぴょう》神社（約350社）が神社本庁によって特定されています。

ただし、伊勢神宮は別表神社に含まれず「別格」として扱われています。

別表神社とは、「別表に掲げる神社」という意味で、由緒や活動を考慮して定められた神社をいいます。

ちなみに、別表神社の「宮司」や「権《ごん》宮司」になるためには神職階位の「明階《めいかい》」以上が必須条件となります。

第四の扉

神社参りの基礎 賽銭編

14 願いが叶う人は、賽銭に感謝の気持ちを込める

❖賽銭《さいせん》とは、神様への「お供え物」の代わりとなる金銭のこと

ここからは、「神社参りの基礎　賽銭編」です。

まず、賽銭箱に納める「賽銭」についてお伝えします。

賽銭とは、神様への「お供え物」の代わりとなる金銭のことをいいます。

そして、賽銭の考え方は色々です。

「ご縁を結ぶ」という語呂《ごろ》から、「5円玉がいい」という考え方があります。
また、「二重にご縁を結ぶ」という語呂から、25円分の5円玉の賽銭を納める考え方もあります。

ここで、5円玉の賽銭について、私たちのことに置き換えて考えてみます。

例えば、人から何かお願いされて、それを引き受けたとします。
そのお礼として、5円玉を手渡されたとします。
そのときに、「お願いを引き受けたのに5円玉？」と、意外な金額に驚かされてしまうのではないでしょうか。

私たちが呆《あき》れてしまうようなことは、広く知られていることであったとしても、神社では行わないほうがいいといえます。

❖神職の言う「お気持ち」とは、感謝の気持ちを形にあらわすこと

では、賽銭はいくらが妥当なのでしょうか？

この質問を神職にすると、「お気持ちで」という答えが返ってきます。

そのお気持ちの意味を「ほんのわずか」と捉える方もいます。

しかし、お気持ちの意味は、「ほんのわずか」という意味ではありません。

神職の言う「お気持ちで」の意味は、「神様への日頃からの感謝の気持ちを形にあらわしましょう」ということになります。

神職の言うことが妥当と考えると、感謝の気持ちを形にあらわすのに、私は「5円玉などの小銭では少ない」と思っています。

ちなみに、私は、紙幣で1000円以上の賽銭を納めるようにしています。紙幣で賽銭を納めると、願いを叶《かな》えるための「祈り」も、真剣になれます。ただし、この感覚は年齢などによって様々です。くれぐれも、無理はしないようにしてください。

❖「納める」とは、見返りを求めない行為

「神社に賽銭を支払う」と聞くと、何やら違和感があります。

金銭を提供するときの正しい言葉づかいは、一般社会では「支払う」といいますが、神社では「納める」といいます。

「納める」ことを「奉納《ほうのう》する」、「ささげる」ともいいます。

実は、「支払う」と「納める」では意味も異なります。

「支払う」とは、品物やサービスに対する代価を渡すことです。

「納める」とは、品物やサービスの介在《かいざい》なく、一方的に差し上げることをいいます。

このように、「納める」とは見返りを求めない行為をいうのです。

15 願いが叶う人は、「賽銭箱の前」で念入りに祈る

❖「賽銭箱の前」での作法は、賽銭を入れてから「二拝二拍手一拝《にはいにはくしゅいっぱい》」

神社には、色々な場所に賽銭箱が設置してあります。
そのメインとなる賽銭箱は、本殿《ほんでん》（拝殿《はいでん》）のすぐ前にある賽銭箱です。

この賽銭箱に賽銭を丁寧に納めて、「祈り」をささげます。

「賽銭箱の前」でのお参りの作法は、基本的に、賽銭箱に賽銭を入れてから「二拝二拍手一拝（二礼二拍手一礼《にれいにはくしゅいちれい》ともいう）」です。

「二拝二拍手一拝」とは、「最初に拝を2度行う→次に拍手《かしわで》を2度打つ→最後に拝を1度行う」という、この一連の作法をいいます。

「拝」とは、上体を90度前方に倒すお辞儀《じぎ》です。上体を倒したときに、3秒間、頭を止めます。

「拝」は、お辞儀の中でも、神様を最高に敬《うやま》う心の表現とされています。

そして、願いを叶えるために、私は「手を合わせて祈る」ことがとても大切と考えています。

手を合わせるタイミングと手の位置は、2度の拍手を打った後に「胸で両手をきちんと合わせて祈ります」（『神道《しんとう》のしきたりと心得』神社本庁教学研究所監修　池田書店より引用）ということになっています。

「賽銭《さいせん》箱の前」での作法

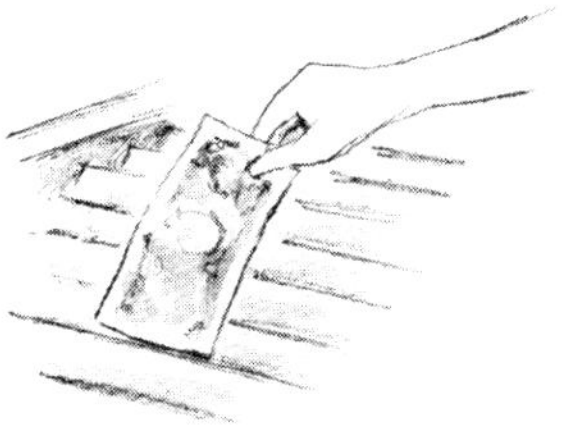

①賽銭を入れる

②直立する

③拝《はい》を二度行う

④拍手《かしわで》を二度打つ

⑤手を合わせて祈る

⑥拝を一度行う

❖「二拝二拍手一拝」は、神様に感謝の気持ちをあらわすための作法

ここで、「二拝二拍手一拝」の意味を見ておきます。

最初の二拝は、「縦の礼」といいます。

次の二拍手は、「横の礼」といいます。

「縦の礼」と「横の礼」は、神様に感謝の気持ちをあらわすために行うものです。

そして、最後の一拝は「締めの礼」といわれています。

余談ですが、「二拝二拍手一拝」とは、正確には、「笏《しゃく》」（長さ約38㎝、幅約5㎝の板）を手に持つ神職の作法の名称です。

❖願いを叶えるためには、「賽銭箱の前」で、念入りに祈る

ここまでに、私たちは、服装を整え、鳥居《とりい》、手水、参道《さんどう》、賽銭箱の前まで進んできました。

「賽銭箱の前」では、気持ちが極まるまで、しばらく念入りに「祈り」をささげてください。

なぜなら、願いを叶えるためには「賽銭箱の前」での真剣な「祈り」が特に大切だからです。

また、ご祈祷《きとう》を受ける場合でも、まずは、「賽銭箱の前」での「祈り」が願いを叶えるためのカギとなります。

❖ご祈祷《きとう》を受けるときでも、「賽銭箱の前」で祈る

なぜ、ご祈祷を受けるときでも、賽銭箱の前での祈りが大切なのでしょうか？

実は、「祈り」が極まるほどに願いが叶いやすくなるからです。

例えば、ご祈祷を受けたとしても、私たち参拝者の「祈り」が極まらないと極まらないものが神職によって神様に届けられることになります。

ご祈祷のときの神職の役目は、神様と参拝者の間に入り、参拝者の「祈り」を神様に届けることにあります。

この神職の立場を指して、神様と参拝者との仲を取り持つので「仲執《なかと》り持ち」、または参拝者の願いを神様に取り次ぐので「お取り次ぎ」といいます。

このようなことから、ご祈祷を受けるときでも、「祈り」が極まるまで、
まずは、「賽銭箱の前」で念入りに祈ることが大切といえるのです。
そして、ご祈祷は「祈り」が極まってから受けたいものです。
なお、具体的な祈り方については後述します。

❖「賽銭箱の前」では、私語を慎《つつし》み、他の参拝者への配慮が必要

さて、「賽銭箱の前」では気をつけたいことがあります。

それは、私語や声に出して願いを唱えることなどは慎むことです。

そして、わざと音をたてて賽銭を投げ込むこと、また必要以上に大きな音の拍手なども控えたほうがいいといえます。

なぜなら、「賽銭箱の前」では、他の参拝者も祈っているからです。

神社では、神様に見られているという緊張感をもち、他の参拝者への配慮も大切なことといえます。

❖「賽銭箱の前」に人が並んでいるときには、「賽銭箱の脇」でも祈る

「賽銭箱の前」に人が並んでいるときの「祈る時間」にも、配慮が必要です。
私は、そのようなときの祈る時間の目安を「5秒以内」と考えています。
なぜなら、祈る時間が長いと、後ろに並ぶ人を待たせてしまうことになるからです。

では、長く念入りに「祈り」をささげたいときに、「賽銭箱の前」に人が並んでいる場合、どのようにするといいのでしょうか？

このようなときには、まず、「賽銭箱の前」で、賽銭を入れてから「二拝二拍手一拝」を行います。

次に、「賽銭箱の前」から外れ、「賽銭箱の脇」の人が並んでいない端のほうに移動します。

この場所で、「祈り」をささげます。

「賽銭箱の脇」であれば、多くの場合、他の人に気がねなく、長く念入りに「祈り」をささげることができます。

❖神様への「願い」や「祈り」は、たくさんあっていい

人が生きていくためには、夢や目標が必要です。
なぜなら、それが生きる原動力となるからです。
夢や目標は、一つに絞る必要はありません。
神様への「願い」や「祈り」も、たくさんあっていいものです。

3年後、5年後、10年後、どのような暮らしを送っているのでしょうか？
人間関係や仕事は、どのように発展していくのでしょうか？
どのような家庭を築き、どのような趣味をもつのでしょうか？

このような「私たちの夢や目標」を叶えるために、見守ってくださる存在が「神様」なのです。

第五の扉

神社参りの基礎　祈祷編

16 願いが叶う人は、ご祈祷料とは何かを知る

❖ご祈祷《きとう》料とは、ご祈祷を受けるときに納める金銭のこと

ここから、「神社参りの基礎　祈祷編」に入ります。

まずは、「初穂《はつほ》料」という言葉からです。

その年に、はじめて採れた稲穂を「初穂」といいます。
古くから、日本には、神社に初穂を納める風習がありました。
これは、無事に稲が収穫できたことを神様に感謝するための習慣です。

では、稲を作っていない場合、神社に何を納めるといいのでしょうか？

そのような場合には、初穂料を納めます。

初穂料とは、神社へ納める初穂の代わりとなる金銭のことです。

また、ご祈祷を受けるときの初穂料を「ご祈祷料」といいます。

ご祈祷料も、広くは初穂料に含まれています。

ただし、神社によっては、ご祈祷料と初穂料を分けて考えているところもあります。

❖ご祈祷《きとう》料は、一般的に、5000円以上を納める

では、ご祈祷料はいくら納めるといいのでしょうか？

多くの神社で、ご祈祷料は、5000円以上を納めることになっています。
この額を聞いて、「高い」と感じてしまうかもしれません。

ここで、一つの参考として、キリスト教の例を見ておきます。
キリスト教では、毎月、収入の10パーセントを目安に教会に献金するという例があります。

収入が20万円の場合、2万円となります。
これは、5000円の4倍の額です。

一概にはいえませんが、この例と比べると、ご祈祷料の５０００円は決して高くないといえそうです。

❖ご祈祷《きとう》料を納める場所は、「ご祈祷の受付」

ここで、念のために、ご祈祷料と賽銭《さいせん》の関係を確認しておきます。

まず、この二つは、同じ金銭ですが、「納める場所」が異なります。

ご祈祷料は「ご祈祷の受付」に、賽銭は「賽銭箱」に納めます。

次に、「祈りをささげる場所」が異なります。

ご祈祷料は、「拝殿《はいでん》の中」でご祈祷を受けるときに納めるものです。

賽銭は、「賽銭箱の前」で祈るときに納めるものです。

最後に、ご祈祷料と賽銭の両方を納めるとき、賽銭よりも、ご祈祷料を多めに納めたほうがいいとされています。

なぜなら、「賽銭箱の前」で祈るよりも、「拝殿の中」で、ご祈祷を受けるほうがより改まったお参りとされているからです。

17 願いが叶う人は、ご祈祷の申し込み方法を知る

❖ご祈祷《きとう》は、神社参りの特別コース

ここから、ご祈祷について詳しく見ていきます。
ご祈祷を申し込むと、特別に、「拝殿に入る」ことが許されます。
最初に、祓《はら》い清めの「修祓《しゅばつ》」があります。
次に、願い事の「祈願《きがん》」です。
そして、参拝者から、神様に「玉串《たまぐし》」をささげます。
最後に、盃《さかずき》に少量のお神酒《みき》をいただく「直会《なおらい》」があります。

帰りには、神様からのお土産のような「授与品《じゅよ》」を授かります。

「授与品」には、願い事に適した「お神札《ふだ》」などが入っています。

また、神社によって異なりますが、日本酒、お米、スルメ、昆布、落雁《らくがん》などを授かることもあるのです。


ご祈祷の目的は、「開運する」、「結婚できる」、「仕事がうまくいく」、「病気が治る」、「人間関係がよくなる」など、私たちの夢や目標を叶《かな》えるために、神様に見守りを願うことにあります。


このように、ご祈祷は神社参りの特別コースといえます。

ご祈祷は必須ではありませんが、余裕のあるときには、ご祈祷を受けてみてはいかがでしょうか。

❖ご祈祷《きとう》の所要時間は、待ち時間を含めて約1時間みておく

ご祈祷の受付時間は、神社によって異なっています。
ご祈祷を受けるには、事前の電話予約が必要な神社もあります。
そのため、ご祈祷を受けるときには、事前に、問い合わせてみましょう。

ご祈祷の所要時間は、約20分間です。
待ち時間も含めて、約1時間みておくといいと思います。

ご祈祷を受けるには、最初に「ご祈祷の受付」へ行きましょう。
そこで、ご祈祷を受けることを希望すると、ご祈祷の申し込み用紙を手渡されます。

その用紙に、住所、名前、電話番号、生年月日、願い事などを記入します。
願い事は、「願い事の一覧表」から適切なものを選びましょう。

「願い事の一覧表」の内容には、「良縁祈願、家内安全、安産祈願、初宮詣《はつみやもうで》、七五三詣《しちごさんもうで》、合格祈願、厄除《やくよけ》祈願、病気平癒《へいゆ》、交通安全、社運隆昌《しゃうんりゅうしょう》、神恩《しんおん》感謝、心願成就《しんがんじょうじゅ》」などがあります。
この内容は、神社によって多少異なっています。

記入後、ご祈祷の申し込み用紙を提出しましょう。
次に、ご祈祷料を納めます。
ご祈祷料は、今まで見てきたように、大体5000円からです。
これで、ご祈祷の申し込み手続きが終わりました。

その後、「待合室」に通されます。
「待合室」での待ち時間も、心の中で神なるものと対話する時間です。
なるべく、人との会話は慎《つつし》んでください。

❖ご祈祷《きとう》の申し込みで、住所などを書いても心配ない

ここで、ご祈祷を申し込むにあたり、住所などを書くと、「神社側からの強引な勧誘や強制はないのか？」と気になる人もいると思います。

しかし、そのような心配は無用です。
神社から電話がかかってくることは、ほぼありません。
連絡があるとしても、催しなどの「案内」が年に数回送られてくる程度です。

❖ご祈祷《きとう》の願い事を一つに絞れないときには、「心願成就」が有効

ご祈祷を申し込むにあたり、「願い事の一覧表」の中から願い事を選ぶことが難しいときもあると思います。

そこで、このようなときの願い事の決め方をお伝えします。

実は、全ての願い事をあらわす一つの願い事があるのです。

それは、「心願成就」です。

「心願成就」とは、心からの願いを叶えることをいいます。

例えば、良縁を願う「良縁祈願」、合格を願う「合格祈願」、健康を願う「病気平癒」、会社の発展を願う「社運隆昌」など、これら全ての願いを叶えることは心からの願いを叶える「心願成就」ともいえます。

このように考えると、ご祈祷の「願い事の一覧表」の中から願い事を一つに絞り込めないときには、「心願成就」が有効といえます。

また、「願い事の一覧表」の中に、望みの願い事がないときにも有効です。

ただし、願い事によって、神職が奏上《そうじょう》する祝詞《のりと》の「祈願詞《きがんし》」の内容が異なります。

奏上とは、神様に申し上げることをいいます。

祝詞とは、神様を祀《まつ》るときに唱える聖なる言葉です。

そのため、「願い事の一覧表」の中で希望する願い事が一つに決められるときには、その願い事のご祈祷を受けたほうがいいとされています。

❖子どもの成長を願うご祈祷《きとう》は、「初宮詣」や「七五三詣」など

子どもの大切な通過儀礼にあたる「初宮詣」や「七五三詣」などは、それぞれのご祈祷を受けてください。

「初宮詣」は、「お宮参り」ともいい、生まれた子どもの幸せな成長を願って、親と子どもがはじめて神社にお参りすることをいいます。

「初宮詣」のお参りをする日は、多くの場合、男児は生後32日目前後、女児は生後33日目前後とされています。

「七五三詣」は、子どもの無事な成長を神様に感謝するためのお参りです。

「七五三詣」のお参りの日は、男児は3歳と5歳、女児は3歳と7歳の年の11月15日前後とされています。

18 願いが叶う人は、ご祈祷の流れを知る

❖拝殿の中では、私語、電話、モバイル端末操作、撮影など厳禁

ご祈祷《きとう》の申し込み手続きが終わって「待合室」で待っていると、次に「拝殿」に案内されます。

そして、拝殿に入ると、神社の方が座る場所を示してくれます。

拝殿の中では、「特別参拝」と同じく、私語、電話、モバイル端末の操作、撮影などは厳禁なので注意してください。

帽子をかぶっていれば、脱帽します。

❖ご祈祷《きとう》の流れは、修祓《しゅばつ》、祈願詞《きがんし》奏上、玉串拝礼《はいれい》、直会《なおらい》

ご祈祷の代表的な流れをお伝えします。

ご祈祷は、最初に「修祓（祓詞《はらえことば》の奏上・大麻《おおぬさ》を用いた祓《はら》い清め）」、次に「祈願詞奏上」、そして「玉串拝礼」、最後に「直会」の順で行われます。

◉修祓の「祓詞の奏上」

神職が祓詞を神様に奏上します。

祓詞は、「イザナキの禊《みそぎ》」がモチーフとなっている祝詞《のりと》です。

◉修祓の「大麻を用いた祓い清め」

神職が「大麻」を振り、「穢《けが》れ」を祓い清めて、より「清浄《せいじょう》」にします。

◉祈願詞奏上

神職が神様に、私たちの願い事を奏上します。

◉玉串拝礼

参拝者から、神様に「玉串」をささげて「二拝二拍手一拝《にはいにはくしゅいっぱい》」を行います。
玉串とは、神様に敬意を表し、神威《しんい》を受けるためにささげるものです。

◉直会

ご祈祷の締めくくりとして、盃に少量の「お神酒」をいただきます。
なお、お酒を飲めないときには、形だけでも構いません。

❖修祓《しゅばつ》とは、「穢《けが》れ」を祓《はら》い清めて、神様に失礼がないように行うもの

なぜ、ご祈祷《きとう》のはじめに、修祓を行うのでしょうか？

「参拝者に災いが降りかからないために行う」という考え方があります。

しかし、これは本来の考え方ではありません。

実は、修祓とは、神様に近づくときに、神様に失礼がないように「穢れ」をより祓い清めるために行うものなのです。

このことを「近神行事《きんしんぎょうじ》」といいます。

ちなみに、「近神行事」には「手水を取る」ことも含まれています。

19 願いが叶う人は、ご祈祷の作法を知る

❖ご祈祷《きとう》では、「頭を下げる作法」と「玉串拝礼の作法」を行う

ご祈祷のとき、神職は色々な作法をします。

ただし、参拝者は、神職の行う作法を真似する必要はありません。

実は、神職の行う作法とは別に、「参拝者の作法」があります。

ご祈祷のときに、参拝者の行う代表的な作法は「頭を下げる作法」と「玉串拝礼の作法」の二つです。

ここで、少し細かくなりますが、「玉串拝礼の作法」から見ておきます。

◉玉串拝礼の作法

①神職から名前を呼ばれ、玉串を渡されます
左手は手のひら、右手は手の甲《こう》が上向きになるようにして、玉串を両手で受け取ります
玉串は胸の高さで、若干左側が高くなるように横にして持ちます

②玉串案《あん》（玉串をささげる台）の前に進みます
玉串案の前で、上体を45度前方に倒して2秒間頭を止めます

③横に持っている玉串を右回りに90度回して、玉串を立て、根元を持ち「祈念」を込めます

④さらに、右に回して、根元を神様のほうに向け、玉串案にささげます

⑤「二拝二拍手一拝」を行います

⑥再び、上体を45度前方に倒して2秒間頭を止めます
座っていた元の位置に戻ります

玉串拝礼《たまぐしはいれい》の作法

①玉串を持つ

②上体を前方に倒す

③「祈念」を込める

④玉串案《あん》にささげる

⑤二拝二拍手一拝《にはいにはくしゅいっぱい》

⑥上体を前方に倒す

◉頭を下げる作法（正確には、磬折《けいせつ》・平伏《へいふく》の作法）

①神職が祓詞《はらえことば》を奏上している間、参拝者は、上体を60度前方に倒しています

②神職が参拝者の前で大麻《おおぬさ》を振る間、参拝者は、上体を45度前方に倒しています

③神職が祈願詞を奏上している間、参拝者は、上体を60度前方に倒しています

この二つの作法さえ知っておけば、ご祈祷を受けるときに、緊張したり、不安に感じたりすることはなくなると思います。

なお、ご祈祷のときには、神社側から作法の簡単な説明と行うタイミングの案内があります。

20 願いが叶う人は、おみくじから神意を受け取る

❖おみくじは、神意を受け取るためにある

多くの神社では、「おみくじ」を引くことができます。

おみくじとは、くじを引いて、神意を受け取るためのものです。

くじの引き方は、神社により異なっていますが、主に二種類あります。

一つ目は、みくじ箱の中にある「おみくじ」を直接引く方法です。

二つ目は、みくじ筒の中にある「みくじ棒」を引き、その棒に書いてある番号によって「おみくじ」が決まる方法です。

おみくじのフォーマットは神社により異なりますが、最もオーソドックスなものは四部構成となっています。

◉おみくじのよくある基本構成

第一部　和歌
第二部　運勢の概略
第三部　吉凶《きっきょう》（大吉、吉、中吉、小吉、末吉、凶、大凶など）
第四部　個別の運勢

そして、読み終わった「おみくじ」は、みくじ掛に結ぶ、または持ち帰るものとされています。

❖おみくじの和歌に注意を向けると、神意を受け取りやすい

おみくじには、色々な読み方があります。

おみくじを引くと、多くの人は、すぐに吉凶を見たくなると思います。

しかし、吉凶を見るだけでは十分に神意を受け取ったとはいえません。

実は、おみくじの読み方にはコツがあります。

私は、おみくじから神意を受け取るためには、吉凶よりも、和歌に注意を向ける必要があると考えています。

❖おみくじを引くときには、「神意を受け取る」という確信をもつ

和歌は、山川草木や花鳥風月に例えて歌われるものがほとんどです。
例えば、和歌の句に「日の沈む」と書いてあったとします。
この和歌の句から、どのようなことを「神意」として受け取れるでしょうか？

一つの例として、暗闇を連想して「失恋する」、「恋人と別れる」などの解釈ができます。
または、夕焼けのおひさまを連想して「人生の節目」、「休息の時期」などの解釈もできます。

また違う句に「船出する」と書いてあると、「引っ越し」、「転職」、「出世」、「結婚」など、色々な解釈ができます。

このように、和歌の句だけでも、何通りにも解釈ができます。

そして、和歌の解釈は人の数だけあるといわれています。

このことから、全ての人に共通した和歌の解釈はないといえるのです。

そのように考えると、神意を受け取る気持ちで、和歌を何度も読み返し、ピンときたものを「神意」として受け取ればいいといえます。

もちろん、おみくじを引くときにも、「これから、おみくじを引いて神意を受け取る」という確信をもって引くことが大切なのは言うまでもありません。

21 願いが叶う人は、様々な授かり物の意味を知る

❖「お神札《ふだ》」や「お守り」は、護符《ごふ》の一種

「お神札」は、「神札《しんさつ》」、「神符《しんぷ》」ともいい、護符の一種とされています。護符とは、神様の見守りを得るためのものです。

「お守り」は、「守札《まもりふだ》」ともいい、携帯できる「お神札」といえます。

古くなった「お神札」や「お守り」は、神社に、お返しすることになっています。

❖「絵馬《えま》」とは、神社に馬を納める習慣が残ったもの

昔、神社に「馬」を納める風習がありました。

その風習から「馬の絵」を描いて納めるようになり、その後に現在の「絵馬」の形になりました。

要するに、「絵馬」は、「馬」を納める習慣が形を変えて残ったものなのです。

❖「ご朱印《しゅいん》」とは、神社にお参りした証拠として、押す印のこと

「ご朱印」は、神社にお参りした証拠として、「ご朱印帳」という専用の冊子に、押す印のことをいいます。

❖様々な授かり物は、「祀《まつ》り」を補うためにある

「お神札《ふだ》」、「お守り」、「おみくじ」、「絵馬」、「ご朱印」などを受けるか、受けないかは自由です。

ときには、「お神札やお守りを授かる」、「おみくじを引く」、「絵馬を納める」、「ご朱印を集める」などの目的で神社にお参りすることがあるかもしれません。

しかし、「祀り」あってこその「お神札」、「お守り」、「おみくじ」、「絵馬」、「ご朱印」です。

これらの様々な授かり物は、それぞれに独立して存在するのではなく、「祀り」を中心に据《す》えて、神社の「祀り」を補うためにあるものなのです。

様々な授かり物

絵馬《えま》

お神札《ふだ》

お守り

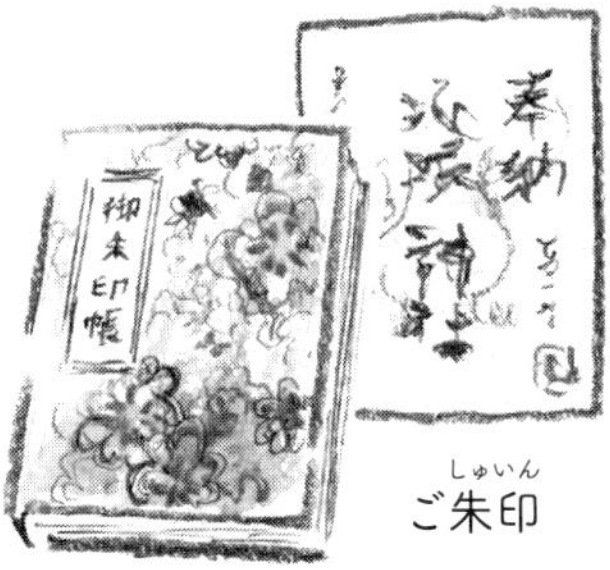

ご朱印《しゅいん》

ご朱印帳《しゅいんちょう》

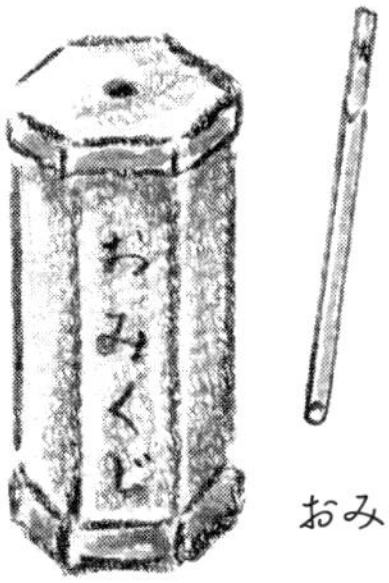

おみくじ

コラム 5

立って行う作法を「立礼《りゅうれい》」、坐《すわ》って行う作法を「坐礼《ざれい》」という

ここでは、代表的な作法の分類の名称を見ておきます。

私たち参拝者は、神職が手に持っている「笏《しゃく》」を所持していません。実は、笏を持つか持たないかで作法の名称が異なるのです。

笏を持たない参拝者の作法を「普通礼」といいます。

笏を持つ神職の作法を「敬礼《けいれい》」といいます。

「普通礼」と「敬礼」に共通して、「立礼」と「坐礼」があります。

立って行う作法全般を「立礼」、坐って行う作法全般を「坐礼」といいます。

基本的な姿勢

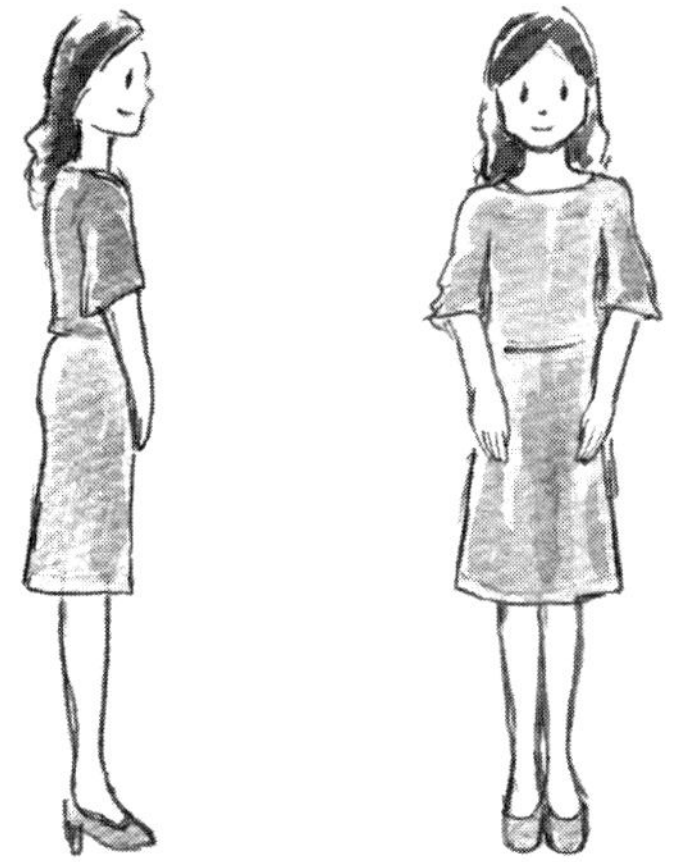

①立礼《りゅうれい》の直立

②坐礼《ざれい》の正座

コラム 6

お辞儀《じぎ》には、角度や秒数などの細かい決まりがある

ここで、参拝者の「普通礼」のお辞儀の種類をまとめておきます。
「角度」は上体を倒す角度、「秒数」は倒してから頭を止める時間です。
最下段の（　）内は「敬礼」の立礼《りゅうれい》と坐礼《ざれい》の共通名です。

◉「普通礼」のお辞儀の種類

角度	秒数	立礼	坐礼	「敬礼」
15度	1秒間	会釈《えしゃく》	指尖《しけん》礼	（小揖《しょうゆう》）
45度	2秒間	浅い敬礼	浅い双手《そうしゅ》礼	（深揖《しんゆう》）
60度	2秒間	深い敬礼	深い双手礼	（なし）
90度	3秒間	最敬礼	合手《ごうしゅ》礼	（拝）

「普通礼」のお辞《じ》儀《ぎ》の種類

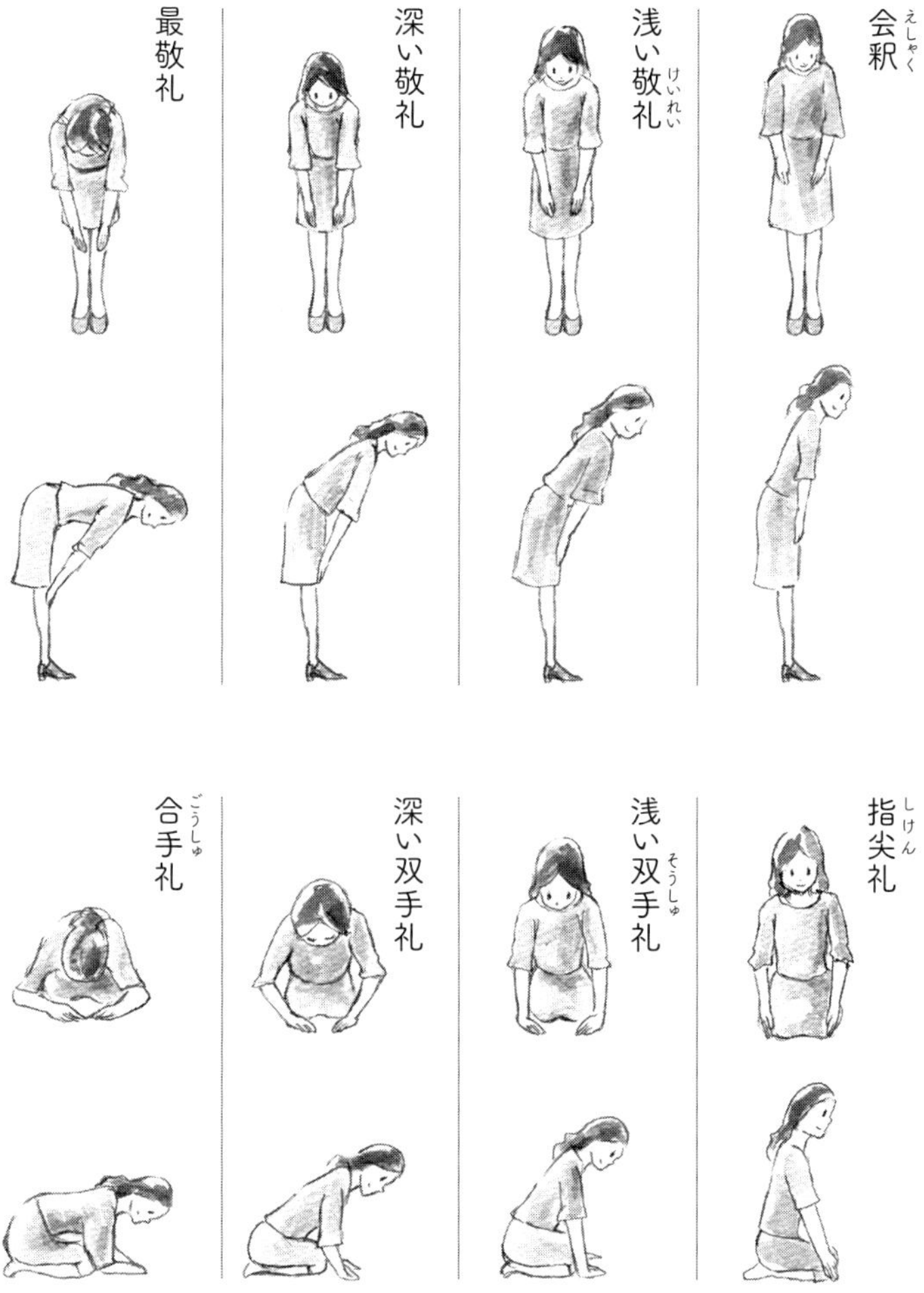

他に、一定時間、「頭を下げる作法」があります。

◉頭を下げる作法の種類

角度	秒数	立礼	坐礼
45度	一定時間	浅い磬折《けいせつ》	浅い平伏《へいふく》
60度	一定時間	深い磬折	深い平伏

磬折・平伏の名称は、「普通礼」と「敬礼」ともに同じです。

磬折・平伏の姿勢は、前ページの同じ角度のイラストをご参照ください。

このように、お辞儀には、角度や秒数などの細かい決まりがあります。お辞儀の角度や秒数は大切なこととされていますが、神様を敬《うやま》う心のほうがより大切なことはいうまでもありません。

第六の扉

神社参りの応用　神話編

22 願いが叶う人は、『古事記』を読んでいる

❖『古事記』と『日本書紀』は、日本神話の代表的な書物

神話を読むことは、神様の世界を知るための基礎となります。日本神話の代表的な書物は、『古事記』と『日本書紀』です。

『古事記』は、712年に、大和言葉で書かれた書物です。この書物は、本質的に歴史書ではなく、「神話」といわれています。

『日本書紀』は、720年に、漢文で書かれた書物です。この書物は、国家がまとめた日本の最初の「歴史書」といわれています。

23 願いが叶う人は、天地はじめの「生かす力」を知る

❖『古事記』は、天地万物《てんちばんぶつ》を創造して育てる話からはじまる

ここで、『古事記』の中の本書に登場する代表的な神様を見ておきます。

最初に、天之御中主神《あめのみなかぬしのかみ》（以下、アメノミナカヌシ）、高御産巣日神《たかみむすひのかみ》（以下、タカミムスヒ）、神産巣日神《かみむすひのかみ》（以下、カミムスヒ）という三柱《みはしら》の神様があらわれます。

「柱」とは、神様を数えるときの単位です。

例えば、神様と人の数え方を対比させると、一柱《ひとはしら》は一人、二柱《ふたはしら》は二人です。

この最初にあらわれた三柱の神様を「造化三神《ぞうかさんしん》」といいます。造化とは、天地万物を創造して育てることを意味しています。

それから少し時がたって、男神の伊耶那岐神《いざなきのかみ》（以下、イザナキ）、女神の伊耶那美神《いざなみのかみ》（以下、イザナミ）の二柱の神様があらわれます。

この二柱の神様の名前の違いは、「キ」と「ミ」の1文字だけなので、注意しながら読み進めてください。

そして、天照大御神《あまてらすおおみかみ》（以下、アマテラス）、月読命《つくよみのみこと》（以下、ツクヨミ）、須佐之男命《すさのおのみこと》（以下、スサノオ）があらわれるのです。

❖天地《あめつち》はじめにあらわれた神様たちを「別天津神《ことあまつかみ》」という

ここから、願いが叶《かな》う人になるために必要な『古事記』の内容のみを抽出してお伝えします。

◉天地はじめの段の意訳

天と地がはじめて分かれたとき、「高天原《たかまのはら》」にあらわれた神様は、アメノミナカヌシ、次にタカミムスヒ、次にカミムスヒ、次に宇摩志阿斯訶備比古遅神《うましあしかびひこじのかみ》、次に天之常立神《あめのとこたちのかみ》。

この五柱《いつはしら》の神様は、特別な神様として「別天津神」といいます。

「高天原」とは、神々の住んでいる「天上世界」のことです。

アメノミナカヌシは、最初にあらわれた天の中心の神様です。
この神様は最初にあらわれた神様なのですが、ここでお伝えしたこと以外は書かれていません。

次にあらわれたタカミムスヒ、カミムスヒは、「産霊《むすひ》の神様」ともいわれています。
また、「生かす力」の根源の神様ともされています。

命が生まれるには、「生かす力」が必要です。
人が生きる上でも、「生かす力」が必須です。

24 願いが叶う人は、イザナキとイザナミの神話を知る

❖『古事記』に出てくる神様の最初のお言葉を「修理固成《しゅりこせい》の神勅《しんちょく》」という

最初にあらわれた五柱の別天津神《ことあまつかみ》のときから、「神世七代《かみよななよ》」に移ります。

そして、神世七代の最後に、イザナキとイザナミがあらわれます。

◉修理固成の段の意訳

地上世界の「葦原中国《あしはらのなかつくに》」が定まっていなかった頃です。

イザナキとイザナミは「この漂《ただよ》っている状態の国土をよく整え、ゆるぎなく安定させなさい」と別天津神たちから委任されました。

この委任の言葉を「修理固成の神勅」といいます。

神勅とは、神様のお言葉のことです。

「修理固成の神勅」を原文に照らし合わせてより正確に読むと、「このただよえる国を修理固《つくりかた》め成《な》せ」となります。

「修理固成の神勅」は、『古事記』の中で、最初に出てくる神勅です。

❖イザナキとイザナミは、愛し合って、日本の島々を生む

◉国生み、神生みの段の意訳

イザナキとイザナミは、愛し合って、日本の島々を生みました。
日本列島は、この二柱の神様によって生み出された子どもなのです。
この行為を「国生み」といいます。
次に、二柱の神様は海河山野《うみかわやまぬ》の神様を生みました。
この行為を「神生み」といいます。
最後に、イザナミは火の神様を生みました。

イザナミは、火の神様によって女陰《ほと》を焼かれて亡くなり、「地上世界」から死者の国の「黄泉国《よみのくに》」へ行ってしまったのです。

イザナキは、このことをとても嘆《なげ》きました。

❖「黄泉国《よみのくに》」とは、死者のおぞましい国

◉黄泉国の段の意訳

イザナキは、亡くなったイザナミにもう一度会いたいと思って、イザナミの住んでいる「黄泉国」に行きました。

ところが、「黄泉国」で見たイザナミの姿は体のいたるところに「蛆虫《うじむし》」がうごめいて「八柱《やはしら》の雷神《いかずちがみ》」がわきだしていたのです。

イザナキは、変わり果てたイザナミのおぞましい姿を見て、恐ろしくなり、一目散に逃げ出しました。

そのとき、「黄泉醜女《よもつしこめ》」をはじめとして、「八柱の雷神」や「千五百《ちいお》の黄泉軍《よもついくさ》」を従えて、イザナミが追いかけてきたのです。

黄泉醜女とは、みにくい鬼女のことをいいます。

25 願いが叶う人は、「イザナキの禊」を知る

❖イザナキは、「穢《けが》れ」を「清浄《せいじょう》」にするために「禊《みそぎ》」を行う

◉禊の段の意訳

イザナキは、「黄泉国《よみのくに》」から「地上世界」へ、逃げ帰ってきました。

そのとき、「穢れた国へ行ってしまった。それゆえに、(この身についてしまった穢れを清浄にするために)禊をしよう」と言いました。

そして、イザナキは、筑紫《つくし》の日向《ひむか》の橘《たちばな》の小門《おど》の阿波岐原《あはきはら》という場所で、衣や冠《かんむり》などを脱ぎ捨て、水に入って、身をすすいだのです。

イザナキは、「黄泉国」を「穢れた国（原文 穢国）」と言っています。
これが「穢れ」という言葉の初見です。

また、この神話が「禊」の初見でもあります。
禊とは、「穢れた状態」を「清浄な状態」にすることをいいます。
「清浄」とは、清らかなことです。

そして、前に見てきた通り、現代の神社でも、「イザナキの禊」は「手水」や「修祓《しゅばつ》」という形になって残っています。

❖イザナキは、禊《みそぎ》の最後に貴い子を得る

◉三貴子《さんきし》の分治《ぶんち》の段の意訳

禊の最後に、左目を洗うとアマテラス、右目を洗うとツクヨミ、鼻を洗うとスサノオがあらわれました。

イザナキは、「三柱の貴い子を得た」と喜び、アマテラスに「高天原《たかまのはら》を治めなさい」と、ツクヨミに「夜之食国《よるのおすくに》を治めなさい」と、スサノオに「海原《うなばら》を治めなさい」と、それぞれに委任しました。

イザナキは、禊を行うことによって、「黄泉国《よみのくに》」でついた「穢《けが》れ」を完全に洗い流して、最終的に「清浄」になって、三柱の貴い子を得たのです。

26 願いが叶う人は、アマテラスの神話を知る

❖アマテラスとスサノオは、本心からの話し合いをする

ここから、伊勢神宮に祀《まつ》られているアマテラスが神話の中心になります。

◉宇気比《うけひ》の段の意訳

アマテラスは「高天原《たかまのはら》」、ツクヨミは「夜之食国《よるのおすくに》」を治めました。
しかし、スサノオは「海原《うなばら》」を治めずに激しく泣いていたのです。

スサノオがあまりにも激しく泣くので、河や海の水は干上がり、山は枯れ山となり、世の中は混乱しました。

スサノオの泣く理由は、「母の国に行きたい」というものでした。

それを聞いたイザナキは怒り、スサノオを追放することにしました。

スサノオは、追放される前に、姉のアマテラスに別れを告げようと思って「高天原」へ上《のぼ》りました。

「高天原」へ上るときの衝撃《しょうげき》は、高天原全体を鳴動《めいどう》させるものでした。

この様子を見ていたアマテラスは、スサノオが「高天原」を奪い取りに来たと思い込み、武装して待ち受けたのです。

その後、アマテラスとスサノオは、「天《あめ》の安河《やすのかわ》」をはさんで本心からの話し合いをしました。

話し合いの結果、スサノオの身の潔白が証明されました。

❖アマテラスは、力のなさを反省して、「天《あめ》の石屋《いわや》」に閉じこもる

◉スサノオの勝《かち》さびの段の意訳

スサノオは、身の潔白が証明されたことで、まるで勝ったとばかりに振る舞って、アマテラスの所有する田の畔《あぜ》を壊し、田に水を引く溝《みぞ》を埋めて、アマテラスの御殿に糞《くそ》をまき散らすなどの行為をしました。

その行為に対し、スサノオをかばって、アマテラスは咎《とが》めようとしませんでした。

すると、スサノオの乱暴な振る舞いはますますエスカレートしていきました。

あるとき、アマテラスは機屋《はたや》にいました。

スサノオは、馬の皮をはいで、アマテラスのいる機屋に、その馬を投げ込みました。

機屋にいた服織女《はたおりめ》は、その光景を見て、驚いて死んでしまいました。

アマテラスは、スサノオの乱暴な振る舞いを見て、ご自身の力のなさを反省して、「天の石屋」という洞窟《どうくつ》に閉じこもって戸をかたく閉ざしたのです。

この機屋は、神様にささげる布を織る神聖な場所です。
実は、この布が織れなくなると、「祀《まつ》り」ができなくなってしまうのです。

❖多くの神々が「天《あめ》の安河《やすのかわ》」に結集して話し合う

ここからは、「祀《まつ》りの原点」といわれている神話になります。

この神話を見ると、多くの災いが起こる暗闇の世界であったとしても「祀り」を行うことによって、「暗闇の世界」から「明るい世界」へと変化することが分かります。

◉天《あめ》の石屋《いわや》の段（一）の意訳

アマテラスが「天の石屋」に閉じこもると、天上世界の「高天原《たかまのはら》」も、地上世界の「葦原中国《あしはらのなかつくに》」も、暗闇となりました。

そして、多くの災いが一斉に起こりました。

そこで、「八百万《やおよろず》の神」が「天の安河」に結集して、「どうすればアマテラスが天の石屋から出てきてくれるのか？」と話し合いました。

八百万の神とは、800万柱の神様という具体的な数をあらわしているのではなく、「きわめて多くの神様たち」という意味です。

❖「天《あめ》の石屋《いわや》」の前に「太御幣《ふとみてぐら》」を立てて、「祝詞《のりと》」を唱える

◉天の石屋の段（二）の意訳

最初に、「長鳴鳥《ながなきどり》」を集めて鳴かせました。

次に、「天の石屋」の前に「太御幣」を立てることにしました。

「太御幣」とは、「榊《さかき》の木」の上の枝に「八尺《やさか》の勾玉《まがたま》」、中の枝に「八尺《やた》の鏡《かがみ》」、下の枝に「白和幣《しらにきて》」と「青和幣《あおにきて》」をつけたものです。

立てた「太御幣」の前で、天児屋命《あめのこやねのみこと》が「祝詞」を唱えました。

そして、天手力男神《あめのたぢからおのかみ》が「天の石屋」の脇に待機しました。

ここに出てきた「白和幣」と「青和幣」とは、どのようなものでしょうか？
白和幣とは、楮《こうぞ》の皮の「木綿《ゆう》」のことといわれています。
現在の神社では、「木綿」の代わりに、紙製の「紙垂《しで》」が使われています。
青和幣とは、「麻《あさ》」のことといわれています。

また、「太御幣」の前で、天児屋命が「祝詞」を唱えましたが、これは「祝詞奏上《そうじょう》」の初見です。

❖アマテラスが「天《あめ》の石屋《いわや》」から引き出される

◉天の石屋の段（三）の意訳

最後に、天宇受売命《あめのうずめのみこと》が神がかりして「舞い」を披露しました。八百万《やおよろず》の神は、天宇受売命の「舞い」を見て、楽しみました。

アマテラスは、楽しそうな声を聞いて不思議に思い、「天の石屋の戸」を少し開けて、「私がここに閉じこもっているので外は暗闇のはず。それなのに、なぜ八百万の神は楽しそうにしているのか？」と質問しました。

質問に対して天宇受売命が、「あなたよりも貴い神様があらわれました」と事実ではない回答をしました。

この瞬間、アマテラスに「太御幣《ふとみてぐら》」の「八尺《やた》の鏡《かがみ》」が差し向けられます。

アマテラスは、「八尺の鏡」に映るご自身の顔を見ました。

「八尺の鏡」に映る顔がご自身の顔とは気づかずに、ますます不思議に思って、その「鏡」をのぞき込みました。


そのときです。

「天の石屋」の脇に待機していた天手力男神《あめのたぢからおのかみ》が「天の石屋の戸」を開いて、アマテラスの手を取って外に引き出しました。

そして、「暗闇の世界」から、元の「明るい世界」へと戻ったのです。


これが「祀《まつ》りの原点」といわれている神話です。

このような神話を知るだけでも、願いを叶える力はより強くなります。

天《あめ》の石屋《いわや》の戸

コラム
7

神話は、現在の神社にも息づいている

神話の「天《あめ》の石屋《いわや》」の前に立てた「太御幣《ふとみてぐら》」などから派生して、現在でも、神社に息づいているものをまとめておきます。

「太御幣」につけた「八尺《やた》の鏡《かがみ》」が、神社にある「鏡」のはじまりです。
神話の「太御幣」は、現代の神社では「御幣《ごへい》」となりました。
「御幣」とは、木串（木の棒）の先端に「紙垂《しで》」を垂《た》らしたものです。

さらに、神職が祓《はら》い清めのときに振る(木串に紙垂と麻をつけた)「大麻《おおぬさ》」、そして、参拝者が神様にささげる(榊の枝に紙垂と麻をつけた)「玉串《たまぐし》」も、神話の「太御幣」から派生したものです。

「太御幣《ふとみてぐら》」から派生したもの

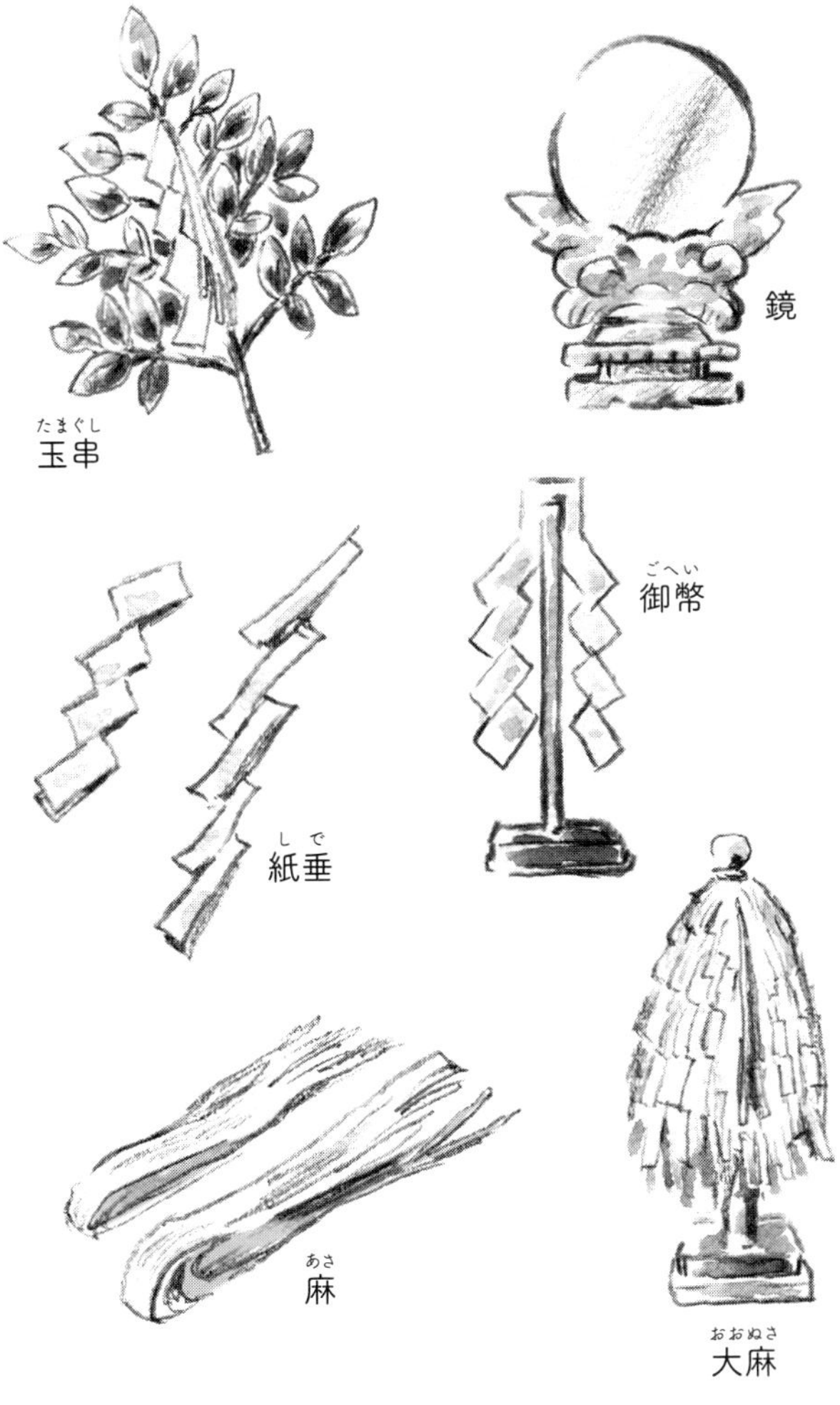

第七の扉

神社参りの応用　神道編

27 願いが叶う人は、神様の定義を知る

❖崇敬神《すうけいしん》とは、参拝者の信仰から自由に選んだ神社の神様のこと

古くは、「神様」の特徴により、次の二つの大きな分類がありました。

◉氏神《うじがみ》
血縁《けつえん》にある一族が集団で祀《まつ》っていた「祖先の神様」（血縁関係）

◉産土神《うぶすながみ》
生まれた土地の縁によって祀っていた「土地の神様」（地縁《ちえん》関係）

しかし、中世以降、「氏神」、「産土神」という言葉は、混同して使われるようになりました。

そのため、現在、この分類はあまり意味をもたなくなりました。

現在では「(氏神神社の)氏神」というと、本来の「氏神」と異なって、住んでいる地域の神社に祀られている神様を指して使われています。

また、「(崇敬神社の)崇敬神」という言葉もあります。

「崇敬神」とは、「崇敬する神社」に祀られている神様で、血縁関係や地縁関係を超えて、私たち参拝者の個人的な信仰から自由に選んでお参りする神社の神様のことをいいます。

❖神様を祖先のように捉える考え方を「敬神崇祖《けいしんすうそ》一体観」という

神社には、「敬神崇祖」という言葉があります。

敬神崇祖の意味は、「神様を敬《うやま》い、祖先を崇《あが》める」です。

そして、敬神崇祖の根底には、「敬神崇祖一体観」という考え方があります。敬神崇祖一体観とは、「神様と祖先を渾然《こんぜん》一体の存在として捉えて敬い崇める」ことです。

このように考えると、恵みを与えてくれる全ての神様が祖先と同じような存在ということになります。

❖神職の間では、「畏《おそ》れ多いもの」のことを神様という

日本では、人を指し、「漫画の神様」や「経営の神様」と言うことがあります。そこで、神職の間で、広く知られている神様の定義を見ておきます。

◉江戸時代の国学者、本居宣長《もとおりのりなが》の神様の定義

天地《あめつち》をはじめ、神社、人、鳥、獣、山川草木、その他全ての世間並みではない霊妙な働きがあり、「畏れ多いもの（原文 可畏《かしこ》き物）のことを神様」という。

霊妙な働きとは、人知では推《お》し量《はか》ることのできない不思議な働きのことです。この定義を読むと、「神社に祀《まつ》られている神様」や「神話に出てくる神様」に限らず、日本の神様はとても広範囲に存在していることが分かります。

28 願いが叶う人は、伊勢神宮のアマテラスを崇敬する

❖神々の中の最高神は、アマテラス

多くの神社の由緒を読むと、神社に祀《まつ》られる神様は「畏《おそ》れ多い存在」だったことが分かります。

その反面、「祀り」をしっかり行っていると、「愛情深い存在」だったことも分かります。

なぜ、神様が愛情深い存在なのでしょうか？

神社に祀られている神様は、敬神崇祖《けいしんすうそ》一体観の考え方があるように、祖先のような存在だからです。

祖先のような存在だからこそ、親のように子どもを思いやる「愛情」があるのです。

このように、神様は「畏れ多く愛情深い存在」だからこそ神社に祀られていると考えられます。

特に、「畏れ多く愛情深い神様」として、伊勢神宮にお祀りされているアマテラスがあげられます。

『古語拾遺《こごしゅうい》』には、「アマテラスは、これ祖《そ》、これ宗《そう》、その尊いことは二つとして並ぶものはない」と書かれています。

『古語拾遺』とは、『古事記』、『日本書紀』と並ぶ神道《しんとう》古典です。

ここでいう、「祖」は親、「宗」は大本や本家という意味になります。

尊い大本の「親」だからこそ、日本の神様の中で、アマテラスは「最高神」とされているのです。

❖伊勢神宮では、外宮《げくう》を先に、内宮《ないくう》を後にお参りする

伊勢神宮は、内宮（皇大神宮《こうたいじんぐう》）と外宮（豊受大神宮《とようけだいじんぐう》）に分かれています。

そして、「外宮先祭《せんさい》」という言葉があり、外宮の「祀《まつ》り」をした後に内宮の「祀り」をするという慣わしがあるのです。

このことから、伊勢神宮にお参りするときには、外宮を先に、内宮を後にお参りするといいとされています。

付け加えると、外宮と内宮の距離は離れています。徒歩だと1時間くらいかかるので、多くの参拝者はバスやタクシーなどの移動手段を利用しています。

それから、外宮の境内《けいだい》には「せんぐう館（神宮がわかる博物館）」があります。せんぐう館では、伊勢神宮の「祀り」に対する姿勢が学べるのです。

例えば、「伊勢神宮では、年間1500回を超える祀りを1日も欠かさずに行っていること」や「どのような状況でも祀りを守り続けてきたこと」などが分かるように展示されています。

❖伊勢神宮で最も大切な「祀《まつ》り」は、式年遷宮《しきねんせんぐう》

「せんぐう」という言葉が出てきましたが、伊勢神宮で今から約1300年前にはじまった「式年遷宮」を指して使われる言葉です。

式年遷宮とは、伊勢神宮のお祀りの中でも、最も大切なお祀りです。

このお祀りは、20年に一度行われます。

そして、伊勢神宮では、現在も、式年遷宮に向けた奉納《ほうのう》を募《つの》っています。

これを「御造営《ごぞうえい》資金」といいます。

御造営資金の受付は、伊勢神宮の神楽殿《かぐらでん》の隣の「御造営資金受付」です。

余裕があるときには、御造営資金を奉納し、神様に日頃からの感謝の気持ちをささげてみてはいかがでしょうか。

❖織田信長は、中断した式年遷宮《しきねんせんぐう》を復興する契機をつくった

伊勢神宮の式年遷宮は、資金的な事情によって、室町時代後期から約120年間途絶えていました。

実は、中断した式年遷宮を復興する契機をつくった人物が織田信長でした。

信長は、日本の国内が乱れて戦いばかりしていた戦国時代の中で、天下統一の基礎づくりを成し遂げた武将です。

信長の祖先は越前の「神官《しんかん》」だったので、信長自身も伊勢神宮や各地の神社に対する「崇敬の念」をもっていました。

具体的には、1582年1月、信長は御造営資金に現在の金額で約4億5千万円の奉納をしているのです。

❖松下幸之助は、約10年間、「伊勢神宮崇敬会」の会長だった

経営の神様といわれていた松下幸之助は、晩年、１９７４年から１９８３年までの約10年間の長きにわたり、伊勢神宮を支える「伊勢神宮崇敬会」の会長をつとめていました。

幸之助は、「社会のため、人びとのために奉仕・貢献するのでなければ、事業を大きくする必要はない」（『松下幸之助 日々のことば』ＰＨＰ研究所編　ＰＨＰ研究所より引用）と語っています。

なぜ、幸之助は経営の神様といわれるような成功を収められたのでしょうか。それは、努力もさることながら、このような信仰や考え方をもっていたからといえそうです。

29 願いが叶う人は、「公」を考える「神道」を知る

❖「神道」を知ると、神社の本質が見えてくる

神社で願いを叶《かな》えるためには、「神道」を知る必要があります。
それは、神社が「神道の礼拝施設」だからです。
そのため、神道を知ると「神社の本質」が見えてきます。

神道とは、簡潔に一言で、「日本固有の民族宗教」といえます。

民族宗教とは、特定の民族によって信仰され、その民族性に根ざした宗教のことをいいます。

また、民族宗教には、起源を特定することが難しいという特徴もあります。

では、神道は、どのように日本人の民族性に根ざしているのでしょうか？

例えば、年はじめの「初詣《はつもうで》」、人生儀礼の「初宮詣《はつみやもうで》」や「七五三詣《しちごさんもうで》」、「成人式」などで神社へお参りする人は多いと思います。

これらの神社での行事は、多くの「日本人の民族性」の一部として受け入れられています。

そして、これらの行事は、全て「神道」の考え方で成り立っています。

そのように、「日本人の民族性」と「神道」を分ける境界線は曖昧でハッキリとしていません。

それほど、神道は日本人の民族性に深く根ざしているのです。

❖神道の定義は、永遠に続く「公《おおやけ》」の根本原理

現代で「神道」というときには、ほぼ「神社神道」を指して使われています。
本書でも、その意味合いで「神道」という言葉を用いています。
「神社神道」とは、神社の神様をお祀《まつ》りする信仰形態のことをいいます。
つまり、全ての神社は「神社神道」に分類されるのです。

そして、ほぼ全ての神社を「神社本庁」が一つにまとめています。

神社本庁とは、伊勢神宮を「本宗《ほんそう》」と仰ぎ、全国約8万の神社を「包括《ほうかつ》する団体」です。

これらの神社に勤める神職も、神社本庁から神職の資格を得ています。

その神社本庁による「神道」の定義は、「天地悠久《てんちゆうきゅう》の大道《だいどう》であること」(『敬神《けいしん》生活の綱領《こうりょう》 解説』神社本庁編　神社新報社より引用)です。

つまり、「永遠に続く公の根本原理」という意味になります。

この「公」には、とても深い意味があります。

私の言葉で、あえて簡単に表現すると「公とは、自分のことよりも、みんなのことを考える精神」という意味になります。

30 願いが叶う人は、神道の範囲を知る

❖神道には、「寛容さ」と「おおらかさ」がある

神道には、他宗教を受け入れる「寛容さ」と「おおらかさ」があります。

「寛容さ」とは、心を広くもち、他人の欠点を責めずに受け入れることです。

「おおらかさ」とは、心がゆったりとして、つまらないことに、こだわらないことをいいます。


この「寛容さ」と「おおらかさ」によって、他宗教を受け入れて、まとめあげた色々な「神道」も生まれました。

例えば、鎌倉時代頃には「仏教」の影響を受けて「両部《りょうぶ》神道」や「山王《さんのう》神道」などが、また江戸時代には「儒学」の影響を受けて「吉川《よしかわ》神道」や「垂加《すいか》神道」などが成立しました。

このように、「寛容さ」と「おおらかさ」によって、神道は「他の宗教」と一つになって「共存共栄できる」という特徴があるのです。

❖「神道系新宗教」も、大きな意味で「神道」の一つの形態

幕末以降、「神道」の伝統を踏まえつつ、教団化する団体があらわれました。
これらの教団は、「神道系新宗教」に分類されます。

「神道系新宗教」の信仰対象は、「伝統的な神社の神様」ではなく、「教団独自の礼拝施設の神様」です。

主な「神道系新宗教」には、「大本《おおもと》」、「世界救世教《せかいきゅうせいきょう》」、「世界真光文明教団《せかいまひかりぶんめいきょうだん》」などがあげられます。

これら「神道系新宗教」も、広い意味で、「神道」の一つの形態といえます。

❖昨今よく耳にする「古神道《こしんとう》」は、本来の「古神道」ではない

最近、「古神道」という言葉をよく耳にします。

「古神道」とは、縄文・弥生時代頃の日本人の信仰を想定して使う言葉です。例えば、この後に説明する磐座《いわくら》などをお祀《まつ》りしていた頃の信仰です。

しかし、昨今、江戸時代に成立した「言霊学《ことたまがく》」、後ほど見ていく「禊行事《みそぎぎょうじ》」、『竹内文書《たけうちもんじょ》』や『秀真伝《ほつまつたえ》』をはじめとする「古史古伝」などを指して、宣伝文句のように「古神道」と言う方がいます。

ここにあげたものは、縄文・弥生時代頃の日本人の信仰を想定して使う、本来の意味での「古神道」とは明らかに異なるものです。

「古神道」の言葉の意味を間違えて覚えてしまうと、「神道」を理解する上でも、妨げとなるので注意が必要です。

コラム8

「敬神《けいしん》生活の綱領《こうりょう》」とは、神社本庁が目指す精神的な規範

神社本庁が掲げている「敬神生活の綱領」には、神社本庁が目指す精神的な規範ともいえる根本方針が書かれています。

このように聞くと、「敬神生活の綱領」を知りたくなりませんか？

では、難しくなりますが、「敬神生活の綱領」を見ていきます。

◉敬神生活の綱領

神道は天地悠久《てんちゆうきゅう》の大道《だいどう》であって、崇高《すうこう》なる精神を培《つちか》ひ、太平《たいへい》を開く基《もとい》である。

神慮《しんりょ》を畏《かしこ》み祖訓《そくん》をつぎ、いよいよ道の精華《せいか》を発揮し、人類の福祉を増進するは、使命を達成する所以《ゆえん》である。

ここにこの綱領をかかげて向ふところを明らかにし、実践につとめて以《もっ》て大道を宣揚《せんよう》することを期《き》する。

一、神の恵みと祖先の恩とに感謝し、明《あか》き清きまことを以て祭祀《さいし》にいそしむこと

一、世のため人のために奉仕し、神のみこともちとして世をつくり固めなすこと

一、大御心《おおみこころ》をいただきてむつび和《やわ》らぎ、国の隆昌《りゅうしょう》と世界の共存共栄とを祈ること

第八の扉

神社参りの応用 歴史編

31 願いが叶う人は、斎庭に神様が降臨すると知る

❖斎庭《ゆにわ》とは、特別に定められた清浄《せいじょう》な場所

ここからは、「神社参りの応用　歴史編」をお伝えしていきます。

多くの神社は、神様が降臨《こうりん》するための「斎庭」を探すことからはじまったといわれています。

斎庭とは、特別に定められた清浄な場所のことをいいます。

斎庭の「斎《さい》」の字源は、「神様を祀《まつ》るときに、心身を清浄に保つ」です。

斎庭と似ている言葉に、「結界《けっかい》」という言葉があります。「結界」は、仏教の言葉で、神道《しんとう》の言葉ではありません。

そして、斎庭の中に「神籬《ひもろぎ》」を立てました。

神籬とは、「紙垂《しで》」と「麻《あさ》」で装飾した「榊《さかき》」を中心に据《す》えた簡易的な「臨時の祭壇」のことをいいます。

神籬は、神話に登場した「天《あめ》の石屋《いわや》」の前の「太御幣《ふとみてぐら》」が起源です。

その後、しばらくたってから、その斎庭の中に建物の「社殿《しゃでん》」が建てられ、現在の神社の形となりました。

多くの神社では、社殿の本殿《ほんでん》の中に「ご神体《しんたい》」を安置しています。

主な「ご神体」には、「鏡」、「剣《つるぎ》」、「勾玉《まがたま》」、「御幣《ごへい》」などがあります。

これらの「神籬」や「ご神体」に、ご祭神《さいじん》が降臨するといわれています。ご祭神とは、それぞれの神社に祀られている神様のことをいいます。

❖「降臨」とは、「天上世界」の神々が「地上世界」に降りてくること

神道では、本来、「降臨」という言葉を「天降《あも》る」と表現しています。ですが、分かりやすさから、本書では「降臨」という言葉を使っています。「降臨」や「天降る」とは、「天上世界」の神々が「地上世界」に降りてくることをいいます。

❖神様降臨の絶対条件は、斎庭《ゆにわ》があること

例外的に、本殿のない神社もあります。

その代表的な神社は、大神《おおみわ》神社です。
大神神社には、拝殿《はいでん》はありますが、本殿がありません。

先にも触れましたが、大神神社の「ご神体」は三輪山《みわやま》です。
大神神社では、三輪山そのものを「ご神体」としています。
そして、大神神社の拝殿は三輪山に向かって建てられています。

さらに、三輪山の頂上の岩には大物主大神《おおものぬしのおおかみ》が、中腹の岩には大己貴神《おおなむちのかみ》が、ふもとの岩には少彦名神《すくなひこなのかみ》が、それぞれに降臨すると信じられているのです。

このような神様が降臨する山を「神奈備《かんなび》」や「神体山《しんたいざん》」といいます。

また、神様が降臨する岩を「磐座《いわくら》」、「磐境《いわさか》」といいます。

神奈備、神体山、磐座、磐境の形式は、神籬《ひもろぎ》やご神体（鏡、剣《つるぎ》、勾玉《まがたま》、御幣《ごへい》など）の形式よりも、古くからありました。

これら全ての形式に共通していえることは、神様が降臨できるような「清浄な斎庭」の中にあるということです。

よって、神様降臨の絶対条件は、「清浄な斎庭」があることといえます。

神様が降臨《こうりん》する依代《よりしろ》

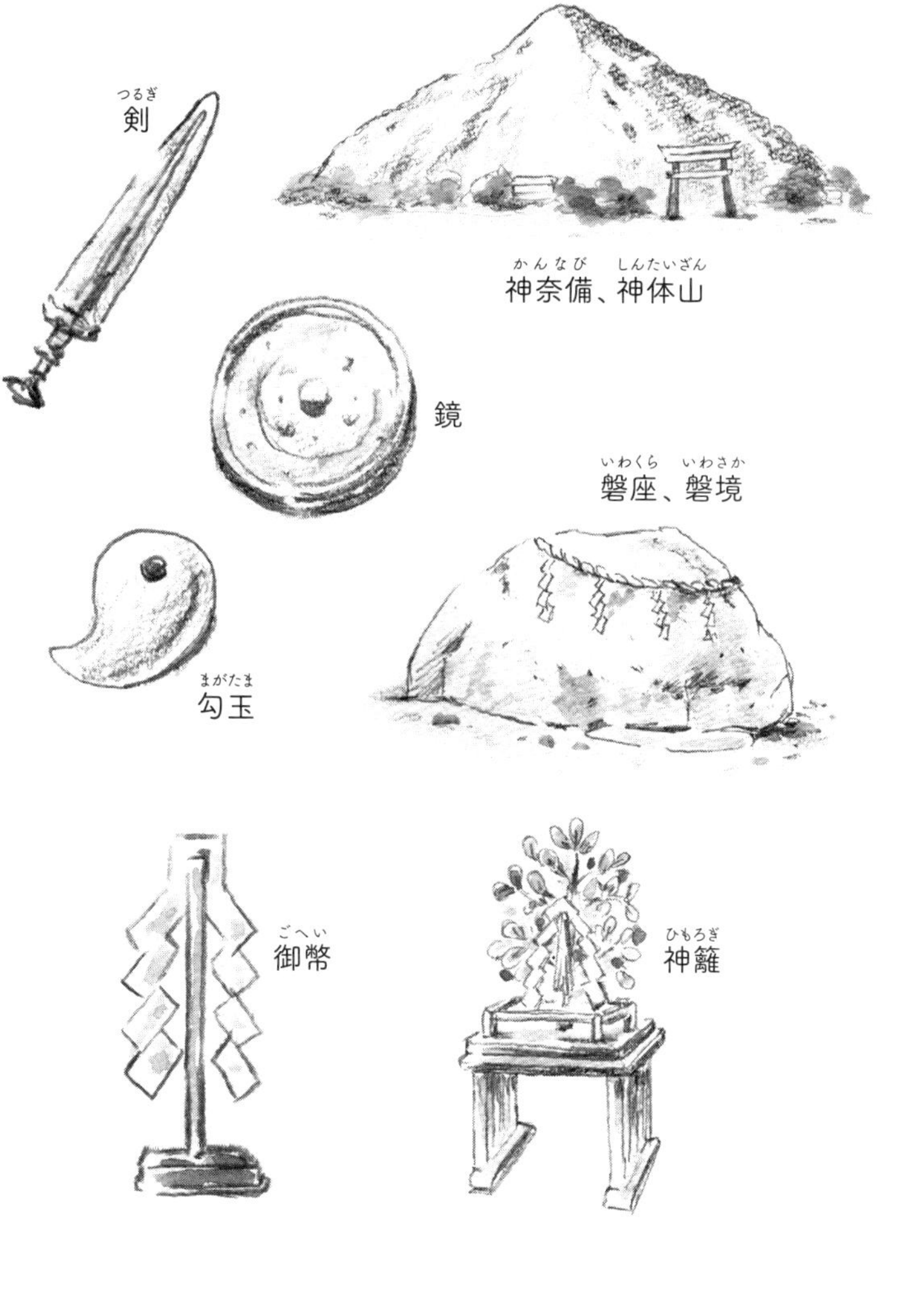

❖神様は、「祀《まつ》り」によって降臨する

ここまでに、斎庭《ゆにわ》の中にある神奈備《かんなび》、磐座《いわくら》、神籬《ひもろぎ》、ご神体などのことをお伝えしました。

これらを総称して、「依代《よりしろ》」といいます。

依代とは、神様が降臨するときに、神様が宿るためのものです。

神様は、斎庭の中にある特定のものを「依代」と定めて「降臨」します。

先に、イザナキとイザナミが海河山野《うみかわやまぬ》の神様を生んだことを見てきましたが、神道では、その全ての海河山野を祀ることはなく、特定の「依代」のみを祀っているのです。

また、神様は、「祀り」を行うと「依代に降臨する」、その後、「祀り」が終わると「天上世界に帰る」という考え方があります。

この考え方から、「神様は依代に宿り続ける存在ではない」ことが分かります。

神道では、多くの場合、依代に「降臨する神様」を信仰しています。

ここで注目したいことは、「依代」を信仰しているのではなく、「降臨する神様」を信仰しているということです。

なお、神社の拝殿には「鏡」や「御幣《ごへい》」があります。

この拝殿にある「鏡」や「御幣」は依代ですが、「ご神体」とは言わずに、「祭器具《さいきぐ》」に分類されています。

ご神体は、多くの場合、人の目につかない本殿の中に安置されているのです。

32 願いが叶う人は、「祀り」とは何かを知る

❖「祀《まつ》り」の本義は、「待つ」こと

神社の根本精神は、神様の「降臨」を願い、「祀り」を行うことにあります。
神道には、「祀りは教えの本《もと》なり」という言葉が残っているほどです。
それでは、「祀り」の本義をお伝えします。
「祀り」の本義は、「待つ」です。
ここで、ポイントになるところをまとめます。

◉**ポイント**

①斎庭《ゆにわ》とは、特別に定められた清浄な場所
②神様の「降臨」を願うには、「清浄な斎庭」があることが絶対条件
③神様は、斎庭にある特定のものを「依代《よりしろ》」と定めて降臨する
④神様は、「祀り」を行うと依代に降臨する
⑤神様は、「祀り」が終わると天上世界に帰る
⑥神様は、依代に宿り続ける存在ではない

このように考えると、「祀りを行っていないとき、神様は天上世界にいる」ことになります。

それなのに、なぜ神職は、神社境内《けいだい》の「清掃」や「維持管理」を毎日欠かさずに行っているのでしょうか？

その理由は、神社とは神様の「降臨」を「待つ」場所だからです。
だからこそ、神職は、常に神社を「清浄」に保とうとしています。
そして、「清浄な斎庭」を保ちながら神様の「祀り」を行っているのです。

❖神様が「降臨」した後の「祀《まつ》り」は、「たてまつる」こと

「祀り」の本義は、神様を「待つ」こととお伝えしました。
では、神様が「降臨」した後に何をするのでしょうか？
実は、「降臨」した後にも「祀り」があるのです。

神様が「降臨」した後の「祀り」は、「たてまつる」です。
漢字では、「献《たてまつ》る」と書きます。

「献る」とは、神様に食事やお酒などのお供え物をささげて、敬意や感謝の気持ちをあらわすことを意味します。
「献る」ことによって、「神様は威力《いりょく》を増し、人はその恩恵《おんけい》にあずかる」と伝統的に考えられているのです。

このように、「献る」は神様の恩恵を得る方法といえます。

ここまでに、神社とは神様の「降臨」を「待つ」場所とお伝えしてきました。
なお、「清浄な斎庭《ゆにわ》」を保って日々「祀り」を行っている神社には、常に神様が「降臨」しているとも考えられるので、安心してお参りしてください。

33 願いが叶う人は、心身の「清浄」を保つ

❖「浄明正直《じょうめいせいちょく》」は、神職の大切な心得

神道では、「浄明正直」という言葉を大切にしています。
また、浄明正直は、最も大切な「神職の心得」でもあります。
この言葉は、『続日本紀《しょくにほんぎ》』の「宣命《せんみょう》」に出てきます。

この「神職の心得」は、私たち参拝者にとっても、とても参考になるのでお伝えします。

浄明正直とは、「浄《きよ》らかさ、明るさ、正しさ、素直さ」です。
「直《ちょく》」のもう少し深い意味は、「曲がっているものを真っすぐに直《なお》すこと」をいいます。

浄明正直の中で最も貴ばれるのは、「浄《じょう》」の浄らかさです。
別の表現をすると、「清浄」です。

ただし、浄明正直は、土台となる「素直さ」があり、その上に、「正しさ」、「明るさ」、「浄らかさ」などがあると考えます。

なぜ、浄明正直が最も大切な「神職の心得」なのでしょうか？

実は、これも、「祀《まつ》り」のためなのです。

それは、浄らかさをはじめ、明るさ、正しさ、素直さを保ちながら、「天上世界」の神様が降臨することを「待つ」という心得なのです。

❖斎戒《さいかい》とは、「清浄」を保つための方法

神職は、重要な「祀《まつ》り」の日の前日から「参籠《さんろう》」することがあります。参籠とは、神社境内にある特別な建物にこもることをいいます。

「参籠して行うこと」も、私たち参拝者にとって、参考になるのでお伝えしておきます。

◉神職が参籠して行う代表的なこと

まず、沐浴《もくよく》（狭義で潔斎《けっさい》ともいう）し、白衣《はくい》に着替えます。
沐浴とは、お湯で体を洗い流すことです。
食事は、豚肉や牛肉、ニンニクなどを避けます。
そして、『古事記』などを読んで思念を整え、立ち居振る舞いにも気をつけます。
さらに、会話をするときには、「忌詞《いみことば》」を使います。
忌詞とは、避けたほうがいい言葉を別の表現に代えた言葉のことです。
参籠して行うことをまとめて、「斎戒（潔斎ともいう）」といいます。

斎戒の方法は、「各神社の慣わし」や「祀りの種類」により異なります。
実は、斎戒の目的も「清浄」を保つことにあります。
斎戒とは、神社で培《つちか》われた「清浄を保つための方法」といえるのです。

❖「清浄」な心身となって、はじめて「祀《まつ》り」を行うことができる

「清浄」は、精神的な穢《けが》れがない状態の「内清浄《ないしょうじょう》」と、肉体的な穢れがない状態の「外清浄《げしょうじょう》」に分かれます。

神職は、斎戒《さいかい》することにより、「内清浄」や「外清浄」のコンディションになるよう心身を整えているのです。

ここで、「清浄」を斎戒の観点から考えてみます。

斎戒から考える「清浄」とは、特殊な精神状態ではなく、おだやかで落ち着いた気持ちになって、清々《すがすが》しさや清らかさを感じることといえます。

神職は、そのような心身の状態になって、はじめて「祀り」を行うことができるようになるのです。

❖「参拝者向け斎戒《さいかい》」で、「清浄」を保つ

では、私たち参拝者も、斎戒したほうがいいのでしょうか？

参拝者は、斎戒する必要がありません。
なぜなら、斎戒は神職が行うためにあるものだからです。

しかし、願いを叶《かな》えるために、どうしても斎戒を行ってからお参りしたいときもあると思います。

そのようなときのために、「参拝者向け斎戒」をお伝えします。
この「参拝者向け斎戒」は、神道に古くから伝えられていることを加味しつつ、現在の神職が行っている斎戒をベースに、私が設計した方法です。

❖「内清浄《ないしょうじょう》」とは、お参りに集中できる精神状態のこと

「内清浄」の「参拝者向け斎戒《さいかい》」は、精神を落ち着かせて、心の動揺をなくし、お参りに集中できる精神状態になるために行うものです。

◉「内清浄」になる方法

お参り前の葬儀や病気の人のお見舞いは、できれば避けたいものです。
もし、出席した場合には、できる限り気持ちの切り替えをしましょう。
そして、殺人事件や犯罪者を罰するニュースは見ないようにします。
また、心を動揺させるような音楽は聴かないほうがいいでしょう。

多くの参拝者は、神職とは異なる社会生活を送っているので、すぐに、神職のような「内清浄」になることは難しいと思います。

そのため、私たち参拝者は、神社に着く前に少しでも「内清浄」になるよう努めて、神社に着いてからより精神を落ち着かせて「内清浄」に近づければいいといえます。

❖「外清浄《げしょうじょう》」とは、お参りにふさわしい肉体状態のこと

「外清浄」の「参拝者向け斎戒《さいかい》」は、肉体面を清潔に保って、お参りにふさわしい肉体状態になるために行うものです。

◉「外清浄」になる方法

神社参りの前日から、豚肉や牛肉、ニンニクなどの食事は控えます。
そして、当日の朝、快適な温度のシャワーを浴びましょう。
その後、きれいな衣服に着替え、髪を整えます。

また、トイレに行ったり、汚いものに触れたりしたときには、その都度、洗面所で手を洗うようにしましょう。

汗のにおいがしたり、服が汚れていたりすると、神様に失礼なのはもちろんのこと、お参りにふさわしいとはいえません。

要するに、「外清浄」とは、汚れや垢《あか》、フケ、糞尿《ふんにょう》、体臭、口臭などを清めたり、抑制したりして、お参りにふさわしい状態になることをいうのです。

34 願いが叶う人は、「禊行事」にこだわらない

❖苦行することが「禊行事《みそぎ》」の目的ではない

ここで、「外清浄《げしょうじょう》」になるために、「極寒の川などで禊行事のような苦行をしたほうがいいのでは？」と考える人もいると思います。

「禊行事」の内容は、「鳥船《とりふね》行事、雄健《おたけび》行事、雄詰《おころび》行事、気吹《いぶき》行事、身滌《みそぎ》行事、祝福」などに分かれています。

これらは、大きな掛け声を出しながら「特殊な体操」を行い、その後に入水《にゅうすい》するというものです。

入水は、専用の禊場や川などで行います。

「禊行事」の時間は、特殊な体操も含めて、長くて30分間です。

「禊行事」は、毎日行うものではありません。

これは、神職養成機関の実習中、または一部の神職が年に数回行う程度です。

「禊行事」の歴史は、比較的新しく、大正時代半ば以降に神職養成機関の実習に取り入れられました。

その後、神社の神職の間にも、広く知られるようになったのです。

「禊行事」の目的は、水によって心身を清めるため、また「神職同士の連帯感を高めるため」に行われています。

決して、苦行することが「禊行事」の目的ではありません。

まして、俗《ぞく》にいうような「悟り」や「神秘体験」、「神がかり」などが「禊行事」の目的ではないのです。

❖「禊行事《みそぎ》」とは別に、「イザナキの禊」がある

『古事記』の禊の段のとき、イザナキは「特殊な体操」を行っていません。

このことから、「禊行事」とは別に、「イザナキの禊」があるといえます。

特に参拝者は、「禊行事」にこだわるよりも、「イザナキの禊」を簡略化した「手水を取る」だけでいいのです。

それでも気になるときには、「参拝者向け斎戒《さいかい》」を行えば十分といえます。

35 願いが叶う人は、「祈り」と「祀り」の関係を知る

❖「祈り」とは、心身を「清浄」に保って申し上げること

神社の神職は、「祀《まつ》り」を大切にして、神様の「降臨」を願ってきました。

では、なぜ神様の「降臨」を願ってきたのでしょうか?


それは、「祈り」のためです。

「祈り」の語源は、「斎《い》のり」です。

「祈り」を語源から解釈すると、「神様を祀るときに、心身を清浄に保って申し上げること」という意味になります。

このような「祈り」のために、神職は神様の「降臨」を願っているのです。

その一方で、残念なことですが、「祈り」を「意《い》のり」と語呂《ごろ》合わせする方がいます。

語呂合わせの「意のり」の意味を解釈すると、「心の思いを申し上げること」になります。

この語呂合わせは、「祈り」の語源からも、「祈り」の本質からも、ずれています。

「祈り」とは、決して「心の思いを申し上げること」ではなく、「心身を清浄に保って申し上げること」をいうのです。

❖全ての神社で特に大切な祀《まつ》りは、「祈年祭《きねんさい》」と「新嘗祭《にいなめさい》」

では、神職は、具体的にどのような「祈り」をささげているのでしょうか？

その「祈り」の多くは、稲をはじめとする「穀物の豊作」、また大雨被害・突風被害などの「自然災害の回避」、「国家の安寧《あんねい》」などです。

安寧とは、世の中がおだやかで安定していることをいいます。

そして、春に行う五穀豊穣《ごこくほうじょう》を祈願《きがん》する「祈年祭」、秋に行う穀物の収穫を感謝する「新嘗祭」が全ての神社で特に大切な「祀り」です。

その上で、参拝者向けに、先に見てきた「ご祈祷《きとう》（祈願祭ともいう）」が行われています。

さて、ここまでに、「神社参りの入門」、「神社参りの基礎」、「神社参りの応用」などの基本的なことを身につけてきました。

また、副題の「願いが叶う神社参り入門」の内容は十分にお伝えしました。

ここから、神社にお参りする条件が整ったので、最終段階に入ります。

それは、「祈り方が9割」のタイトルからも分かるように、祈り方です。

神道の祈りは、ここまでにお伝えした内容を総合的に踏まえて、はじめて理解できるものです。

コラム9

G7各国の首脳たちは、伊勢神宮で平和の「祈り」をささげた

2016年の伊勢志摩サミットの開催に先立って、G7各国の首脳たちは、伊勢神宮に表敬《ひょうけい》参拝して、平和の「祈り」をささげました。

ここでは、オバマ大統領やキャメロン首相、メルケル首相たち、3人の記帳の仮訳を掲載しておきます。

◉アメリカ　オバマ大統領

幾世にもわたり、癒しと安寧《あんねい》をもたらしてきた神聖なこの地を訪れることができ、非常に光栄に思います。

世界中の人々が平和に、理解しあって共生できるようお祈りいたします。

◉イギリス　キャメロン首相

日本でのG7のために伊勢志摩に集うに際し、平和と静謐《せいひつ》、美しい自然のこの地を訪れ、英国首相として伊勢神宮で敬意を払うことを大変嬉《うれ》しく思います。

◉ドイツ　メルケル首相

ここ伊勢神宮に象徴される日本国民の豊かな自然との密接な結びつきに深い敬意を表します。

ドイツと日本が手を取り合い、地球上の自然の生存基盤の保全に貢献していくことを願います。

（神宮HP「お知らせ」平成28年5月26日より引用　※役職は発表時点のもの）

G7各国の首脳たちによる伊勢神宮への表敬《ひょうけい》参拝

出典：外務省

第九の扉

神社参りの実践　感謝編

36 願いが叶う人は、感謝2割、愛情8割で祈る

❖「感謝の心」や「愛情」は、良好な社会を築くための共通認識

私は、願いを叶《かな》える祈り方の指標を「感謝」と「愛情」としています。

感謝とは、「有《あ》りがとう」、「おかげさま」、「かたじけない」と思う心です。

愛情とは、「やさしさ」、「思いやり」、「いつくしみ」です。

「感謝の心」や「愛情」を受けて、悪い気はしないものです。

このことは、世界中どこに行っても、いい人間関係や好ましい職場、良好な社会を築くための共通認識といえます。

きっと、この共通認識は、神様との関係においても変わらないと思います。

そして、私は、「祈り」の時間配分を「感謝2割、愛情8割」としています。

もちろん、この割合は、おおよそで構いません。

また、「感謝」と「愛情」を交互に祈ることもあるので、最終的にこのくらいの割合になればいいと思っています。

❖「祈りのフォーム」の基本形は、目を閉じて、手を合わせること

次に、「祈りのフォーム」についてです。

「祈りのフォーム」の基本形は、「目を閉じて手を合わせる」です。

これは、前述したように、「賽銭《さいせん》箱の前」で賽銭を入れて「二拝二拍手一拝《にはいにはくしゅいっぱい》」するときに行います。

また、これと異なる「祈りのフォーム」もあります。
ご祈祷《きとう》の「頭を下げる作法」の「祈りのフォーム」です。

坐《すわ》って行う「坐礼《ざれい》」のときは、目を閉じて、手のひらを床につけた状態（平伏《へいふく》）でお祈りします。

立って行う「立礼《りゅうれい》」のときは、目を閉じて、手のひらを足のももの正面につけた状態（磬折《けいせつ》）でお祈りします。

「頭を下げる作法」の間は、「賽銭箱の前」での念入りな「祈り」と同じく、心の中で、念入りにお祈りを繰り返しささげてください。

❖「祈りの準備」は、鳥居《とりい》をくぐった瞬間から行う

「祈り」の前には、「祈りの準備」が必要です。

「祈りの準備」とは、「祈り」の本番さながらの練習です。

では、「祈りの準備」は、いつからはじめるといいのでしょうか？


実は、「祈りのフォーム」をとらなければ、いつからでもできるのです。

例えば、「祈り」の強弱や濃淡の違いはありますが、「待合室」での待ち時間に、イスに座ったままでもはじめられます。


訓練すれば、参道《さんどう》を歩きながらでも「祈りの準備」はできるようになります。

さらにいえば、鳥居をくぐった瞬間から「祈りの準備」を行うことができるようになります。

37 願いが叶う人は、「感謝の祈り」からはじめる

❖「感謝の祈り」のキーワードは、「有りがとうございます」

それでは、「感謝2割、愛情8割」の「感謝の祈り」を見ていきます。
まず、「祈り」は、神様への感謝からはじめます。
「感謝の心」を神様に示すためには、キーワードが必要です。
願いを叶える「感謝の祈り」のキーワードは、「有りがとうございます」です。

❖「祈り」は、気持ちが込めやすい「使い慣れた言葉」を使う

神職の唱える祝詞《のりと》では、「有りがとうございます」とは使いません。なぜなら、祝詞を作文するときには、「古代の大和言葉」を使うという決まりがあるからです。

その一方で、参拝者が普段使い慣れていない古代の大和言葉で祈ったとしても気持ちがこもらない「祈り」になってしまいます。

気持ちがこもらない「祈り」では、神様に届きません。

やはり、気持ちが込めやすい言葉は、「使い慣れた言葉」です。

よって、願いを叶えるためには、「使い慣れた言葉」を使って祈ったほうがいいといいえます。

もちろん、「有りがとうございます」より、使い慣れている「感謝の祈り」のキーワードがあれば、そのキーワードを使ってもいいと思います。

❖「有り難《がた》し」とは、滅多《めった》にない、珍しいという意味

「有りがとう」は、もともと仏教の『発句経《ほっくきょう》』という書物の中の「有り難し」から変化したものといわれています。

有り難しとは、滅多にない、珍しいという意味です。

「有り難し」の反対の言葉は、「当たり前」になります。

ここで、少し想像してください。
例えば、水道の蛇口をひねると「水」が出ます。
このときに、「当たり前」と思うのと、または「有り難し」と思うのとでは、どちらのほうがより幸せを感じられるでしょうか？

考えると、「当たり前」と思うより、「有り難し」と思えるほうがより幸せを感じられると思います。

「感謝の祈り」をささげていると、普段は「当たり前」と思っていたことが、「当たり前」ではなかったことに気づかされることもあります。

❖「感謝の祈り」のフォーマットは、「〇〇〇、有りがとうございます」

では、実際の「感謝の祈り」の例を見ていきます。

「感謝の祈り」のフォーマットは、「〇〇〇、有りがとうございます」です。〇〇〇を埋めて、列挙するだけで「感謝の祈り」になります。

「本日は無事にお参りさせていただき、有りがとうございます」
「健康な体を授けていただき、有りがとうございます」
「食べものをお与えくださり、有りがとうございます」
「住む家を授けてくださり、有りがとうございます」
「よい人間関係を与えていただき、有りがとうございます」

このように、思いつく限り列挙して、「祈り」をささげます。

できれば、感謝する出来事が起きた年月日、人や物の名前、地名など、これらも「祈り」の言葉の中に入れてください。

そのように祈ると、具体的に感謝するシーンが思い出されて、私たちの気持ちも温まり、神様に対する「祈り」も深まります。

❖最終的には、あらゆる物事に感謝できるようになりたい

「感謝の祈り」のフォーマットに慣れた後は、このフォーマットにとらわれる必要はありません。

例えば、このような「祈り」をささげることもできます。

「仕事がうまくいっているのは、神様のおかげです。〇月〇日にも、通常ではご縁のできないような株式会社〇〇と取引することができました。有りがとうございます」

「〇月〇日の食事会は、おかげさまで大成功でした。〇〇の料理はとてもおいしく、お店の雰囲気も抜群でした。〇〇さんや他の方も喜んでくれました。これも神様のご守護のおかげと思っています。有りがとうございます」

最終的には、ありとあらゆる物事に感謝できるようになりたいものです。

❖「感謝の祈り」だけでは、神様でも、願いを叶えようがない

神社での「祈り」は、「感謝するだけでいい」という方がいます。

しかし、願いを叶えるためには、願いを神様に祈ることが必須です。

「感謝の祈り」だけでは、神様でも、当然、願いを叶えようがありません。

ここで、「神様は人の願いをはじめから知っているので、手を合わせるだけで、願わなくていいのでは？」と思う方もいると思います。

確かに、神様は、何でも知っているように思います。

けれども、神様に、願いを祈るから願いは叶えられるのです。

コラム
10

神職の奏上《そうじょう》する祝詞《のりと》にも、「願い」が書いてある

実は、神職の奏上する祝詞にも願いが書いてあります。

祝詞のオーソドックスな構成要素を見ると、「起首《きしゅ》章句、由縁《ゆえん》章句、献供《けんきょう》章句、祈願《きがん》章句、結尾《けつび》章句」から成り立っています。

◉祝詞のオーソドックスな構成要素

起首章句　神様をたたえる言葉
由縁章句　祀《まつ》りの趣旨
献供章句　お供え物の種類
祈願章句　参拝者の願い
結尾章句　祝詞を終了する言葉

これらの章句は全て外すことのできない要素ですが、あえて重要な章句を抜き出すと「献供章句」と「祈願章句」の二つになります。

この二つの章句のよくある表現を現代の言葉でお伝えすると、「色々な品々を山のように積んでお供えするので、どうか参拝者の願いを叶えてください」ということになります。

このように、神職の奏上する祝詞にも「願い」があるのです。

第十の扉

神社参りの実践　愛情編

38 願いが叶う人は、「清浄な願い」とは何かを知る

❖「願い」は、「清浄《せいじょう》」の延長線上になければならない

ここで、多くの人が神社で祈っている「願い」を想像してください。

「儲かりますように」
「宝くじが当たりますように」
「私に彼氏（彼女）ができますように」
「私が結婚できますように」
「私の就職が決まりますように」
「私に素敵な服が見つかりますように」

このような願いは、考えると、尽きることがありません。
さて、これらの願いを神様は叶《かな》えてくれるのでしょうか？

実は、「叶えてくれない」のです。
なぜなら、ここにあげたものは、全て「不浄《ふじょう》な願い」といえるからです。

この思いが行きすぎると、個人的な「利益」や「快楽」を追求するようになり、他の人の迷惑になることとさえ気づかずに、わがまま勝手に振る舞うようになります。

神様は、「清浄」を好み、「不浄」を嫌うのです。
「願い」も「清浄」の延長線上になければならないのです。

❖「清浄な願い」であれば、どのような願いでも、神様に届く

神道《しんとう》の視点から願いを大きく分けると、「不浄な願い」と「清浄な願い」の二つになります。

不浄な願いとは、「公《おおやけ》のことより、私《わたくし》のこと」、「みんなのことより、自分のこと」、「社会のことより、個人のこと」などを第一とする願いです。

清浄な願いとは、「私のことより、公のこと」、「自分のことより、みんなのこと」、「個人のことより、社会のこと」などを第一とする願いです。

本来の神社は、「私」ではなく、「公」のことを願う場所でした。

ご祈祷《きとう》のときの神職も、「自分のための願い」ではなく、「参拝者のための願い」を祈っています。

だからこそ、「清浄」が保たれているのです。

「不浄な願い」は、神様に届きません。

それればかりか、「清浄な斎庭《ゆにわ》」をけがすことになってしまいます。

逆に、「清浄な願い」は、どのような願いであったとしても、神様に届くものなのです。

私たちは、服装を整え、作法を身につけ、手水を取り、五感を開いて参道《さんどう》を歩き、賽銭《さいせん》やご祈祷料を納め、色々なことを学び、「清浄」に近づいてきました。

私は、ここまでに行ってきた全てのことは、「清浄な願い」の祈りをささげるための布石、学び、心の準備と考えています。

❖「清浄な願い」とは、「修理固成《しゅりこせい》の神勅《しんちょく》にもとづく祈り」

それでは、「清浄な願い」をするための祈り方をお伝えします。

「清浄な願い」とは、神道の考えから、「修理固成の神勅にもとづく祈り」といえます。

「修理固成の神勅」は、P165でお伝えした別天津神《ことあまつかみ》からイザナキとイザナミに委任した神勅です。

この二柱《ふたはしら》の神様は、「修理固成の神勅」にもとづいて、「国生み」、「神生み」を行いました。

ただし、そのことだけで、「修理固成」は完成したとは考えられていません。

「修理固成の神勅」は、今でもアマテラスをはじめとして、全ての神様や神職に引き継がれていると考えられています。

実は、神職も「修理固成の神勅にもとづく祈り」を日々ささげているのです。

願いを叶えるためには、「修理固成の神勅にもとづく祈り」でなければ神様に届くものではないのです。

❖まずは、身近な人に喜びを与える

「修理固成《しゅりこせい》の神勅《しんちょく》にもとづく祈り」とは、具体的に、どのような「祈り」なのでしょうか？

ここで、P207のコラムで触れた「敬神生活《けいしんせいかつ》の綱領《こうりょう》」を再び見ることにします。

「敬神生活の綱領」には、「修理固成の神勅」をもとに書かれている一文があります。

「神のみこともちとして世をつくり固めなすこと」という箇所です。

分かりやすく説明すると、「神様の御心《みこころ》に仕《つか》えながら、社会をよく整え、ゆるぎなく安定させていくこと」という意味になります。

これを実際の活動に移すと、「世のため、人のために奉仕すること」です。

奉仕とは、「私一人の幸せだけでなく、私以外の人々の幸せのために尽くすこと」をいいます。

また、奉仕には、「みんなの喜びを自分の喜びとする精神」があります。

そして、奉仕の具体的な方法論としては、「はじめに身近な人に喜びを与えて、その喜びを組織、地域、国、世界へと広げていくこと」といえます。

このようなことを踏まえると、「修理固成の神勅にもとづく祈り」とは、「人に喜びを与える祈り」、また「人への愛情から発する祈り」ともいえるのです。

このように、「公《おおやけ》」、「みんな」、「社会」に喜びを与えるために、祈ることが神道の基本的な「祈り」なのです。

39 願いが叶う人は、「愛情の祈り」をささげている

❖「愛情の祈り」のキーワードは、「喜びますように」

「修理固成《しゅりこせい》の神勅《しんちょく》にもとづく祈り」とは、「人に喜びを与える祈り」とお伝えしました。

私は、この「修理固成の神勅にもとづく祈り」を分かりやすい現代の言葉に置き換えて、「愛情の祈り」と理解しています。

願いを叶える「愛情の祈り」のキーワードは、「喜びますように」です。

「喜ぶ」とは、感動して心が揺れ動き、幸せになる、嬉《うれ》しくなる、楽しくなる、面白くなるなどの気持ちをいいます。

「喜びますように」は、「自分の喜び」のためではなく、「みんなの喜び」のための「祈り」です。

また、みんなの喜びのために、自分も行動するという決意表明でもあります。

神職は、祝詞《のりと》の奏上《そうじょう》のとき、「喜びますように」とは口にしません。

しかし、神職の心の中では、私たち参拝者の幸せや喜びを願いながら神様に祝詞を奏上しているのです。

❖「愛情の祈り」のフォーマットは、「〇〇さんが喜びますように」

キーワードの次は、フォーマットです。

「愛情の祈り」のフォーマットは、「〇〇さんが喜びますように」です。

〇〇には、個人の名前を入れて「祈り」をささげます。

ただし、人数が多くて祈る時間が取れないとき、または名前が分からないときには、「全てのスタッフ」、「取引先のお客様」、「参加者」など、抽象的な言葉を入れて祈ってもいいと思います。

例えば、

「太郎君が喜びますように」

「家族全員が喜びますように」

「会社のスタッフが喜びますように」

などです。


この「祈り」だけでも、祈った本人の心が温まるものです。

❖伝統的な神道に根ざしながら、現代風にアレンジした「愛情の祈り」

次に、もう少し、具体的な「願い」を入れてみます。


「おじいさんの病気が治り〈おじいさんが喜び〉ますように」

「息子が希望の学校に合格し〈息子が喜び〉ますように」

「A子さんに彼氏ができ〈A子さんが喜び〉ますように」
「B君が結婚でき〈B君が喜び〉ますように」
「C君の就職が決まり〈C君が喜び〉ますように」
「D君のチームがまとまり〈D君が喜び〉ますように」

これらの「祈り」は、自分のことを願う「不浄な願い」ではなく、みんなのことを願う「清浄な願い」といえます。

「愛情の祈り」は、現代風にアレンジしていますが、伝統的な神道に根ざした参拝者向けの祈り方といえるのです。

また、〈　〉内の言葉を煩《わずら》わしいと感じる方がいるかもしれませんが、次の「祈りの神髄《しんずい》」につながるための重要な要素なので、〈　〉内を飛ばさずに、祈りの言葉に加えてください。

40 願いが叶う人は、「祈りの神髄」を知る

❖「祈りの神髄《しんずい》」とは、私のことを祈らずに、みんなのことを祈ること

ここからが最も重要です。

「祈りの神髄」です。

それは、「私の願いを叶えたいときは、私のことを祈らずに、みんなのことを祈る」です。

「祈りの神髄」を習得すると、願いは「不浄」から「清浄」に自動的に変換されるようになります。

そして、「祈りの神髄」を身につけると、いつの間にか、「自分のため」が「みんなのため」に不思議と変換されていくようになります。

さらに、「祈りの神髄」を一人でも多くの人が知って祈るようになれば、自然と家族や組織、社会などがいい方向へと変換されていくのです。

❖「恋愛」に効く祈り方もある

さて、「祈り」のシチュエーションは千差万別です。

ここでは、彼氏を探している女性を想定して、「恋愛」に効く祈り方をお伝えします。

もし、この女性が神社にお参りして「一人ではさびしいので、彼氏ができますように」と祈ったとすると、神様は聞いてくれるのでしょうか？

残念ながら、聞いてくれません。

なぜなら、これは、「不浄な願い」だからです。

繰り返しになりますが、「祈りの神髄《しんずい》」は、「私の願いを叶えたいときは、私のことを祈らずに、みんなのことを祈る」です。

では、「祈りの神髄」にもとづいて、この女性の願いを「清浄な願い」に変換します。

「私に彼氏ができて、私のお父さんとお母さんが喜びますように」

この「祈り」は、結果的に彼氏ができることを目的とした「祈り」をささげています。

しかし、私の願いというよりも、お父さんとお母さんへの「愛情の祈り」に変換されています。

このように、「祈りの神髄」に当てはめるだけで「清浄」が保たれるのです。

❖「不浄な願い」も、神様の御心《みこころ》にかなう願いに変えることができる

これまでに、「不浄な願い」を「清浄な願い」に変換する「祈りの神髄《しんずい》」を見てきました。

ここで、色々な「祈り」のケースをお伝えします。

右側の「不浄な願い」から、左側の「清浄な願い」へと変換した例です。

「私の結婚式が成功しますように」
↓
「結婚式が成功して、参加する親族や友人たちが喜びますように」

「私に知恵をください」
↓
「知恵が授かり、会社の人たちが喜びますように」

「私に歌唱力がつきますように」
↓「歌唱力がついて、歌を聴いた方々が喜びますように」
「私の会社の事業が成功しますように」
↓「会社の事業が成功して、会社のスタッフが喜びますように」
「私の書籍が多くの人に読まれますように」
↓「書籍が多くの人に読まれて、読者の方々が喜びますように」

このように、「祈りの神髄」に当てはめると、いとも簡単に、「不浄な願い」を神様の御心にかなう「清浄な願い」に変換することができるのです。

❖「愛情の祈り」によって、心の成長する方向性が明確になる

「祈り」の内容によって、私たちの「メンタル」はつくられていきます。

例えば、「不浄な願い」をする人は不浄な人に、「清浄な願い」をする人は清浄な人になっていきます。

ですから、一つでも多くの「愛情の祈り」をささげてください。

そして、「愛情の祈り」をささげてメンタルがつくられていくと、私たちの心の成長する方向性も明確に定まっていきます。

❖「祈り」によって、私たちの愛情があふれ出す

「愛情の祈り」を続けていくうちに、いつの間にか、心の中も「みんなのことを思いやる愛情」へと変わっていきます。

そして、自分のために祈らなくても、結果的に自分にいいことが跳ね返ってくるようになるのです。

「喜びますように」と祈ると、私たちは愛情あふれる人になれます。
「喜びますように」と祈ると、私たちは清浄な人になれます。
「喜びますように」と祈ると、私たちは願いが叶う人になれます。

結び

❖「愛情の祈り」が心のきたない部分を昇華《しょうか》する

最後まで読んでいただき、有《あ》りがとうございます。

世にいう会社経営の世界は、金銭欲に満ちた欲望だらけの世界といえます。

私は、その世界から月に1度抜け出し、神社にお参りをしてきました。

そして、「清浄《せいじょう》」な気持ちになれるように心がけてきました。

スタッフの「喜び」を祈れたことは、何よりも私の経営の支えとなりました。

また、「愛情の祈り」が知らず知らずのうちに、私自身の心のきたない部分を昇華してくれたのです。

自分自身が「清浄」に近づくと、欲によって経営判断を狂わされることなく、ピンチになっても跳ね返すことができました。

不況のときには、私が勉強してきたこと以上の奇策《きさく》が湯水のごとく湧き出しました。

さらに、スタッフからの協力も得られました。

❖願いが叶《かな》う人の共通点は、「愛情の祈り」にある

会社経営の願いを叶えるためには、「経営の総合力」が必要です。

例えば、経営スキルとして、販売管理、財務管理、労務管理をバランスよく学んだ上に、企業戦略やマーケティング、マネージメント、コピーライティング、ウェブ対策などの具体的なノウハウの習得も必要です。

ただし、一つだけ、絶対にいえることがあります。

それは、「経営の総合力」より、「愛情の祈り」のほうが重要ということです。

なぜなら、私の場合、神社の神様に対して、スタッフへの「愛情の祈り」をささげることが「経営の総合力」を学ぶための原動力となったからです。

そして、スタッフの人生に役立つと思えると、「やる気」も湧いてきます。

さらに、愛情をもって神様に「祈り」をささげると、「神様に守られているから必ずうまくいく」と思えるようになります。

私は、言葉の違いこそあれ、神社参りで願いが叶う人の共通点も「愛情の祈り」にあると思っています。

❖「愛情の祈り」をマスターすれば、一時代を築ける

私は、歴史に名を残した人たちも、「愛情の祈り」をささげたからこそ一時代を築けるような偉人になれたのではないのかと考えています。

私たちも、「愛情の祈り」をマスターすれば、一時代を築けるようになれると強く信じています。

繰り返しますが、神社参りでは「特殊能力の開発」は一切必要ありません。

「祈り方が9割」です。

最後になりますが、私は、会社経営を行いつつ、40歳のときに、一念発起して、神職養成機関の大学である國學院大學神道《こくがくいんだいがくしんとう》文化学部に入学し、伝統的な神道を学ぶために4年間通いました。

そして、今、そこで得た私なりの気づきと学びをお伝えしました。

どこかで、お会いできる日を楽しみにしています。

私たちに、喜びが訪れることを祈りながら本書を結びます。

参考文献

神社本庁総務部編『神社本廳規程類集』神社新報社 1952年
神社本庁編『敬神生活の綱領 解説』(稿本) 神社新報社 1972年
神社本庁教学研究室編『神社本庁憲章の解説』神社本庁 1980年
吉村政徳編『神と人と』神社新報社 2006年
神社本庁編『神職奉務心得(資料集)』神社新報社 1964年
神社本庁総合研究所編『神社本庁史稿』神社新報社 1976年
庄本光政、他『改訂・神道教化概説』神社新報社 1959年
澁川謙一『小論集』神社新報社 2008年
岡田莊司編『日本神道史』吉川弘文館 2010年
西角井正慶『祭祀概論』神社新報社 1957年
神社本庁編『神社祭祀関係規程 附解説』神社新報社 1972年
神社本庁編『神社祭式同行事作法解説』神社新報社 1952年
沼部春友、他編著『新 神社祭式行事作法教本』戎光祥出版 2011年
御巫清勇『延喜式祝詞教本』神社新報社 1959年
岡田米夫『大祓詞の心 大祓詞の解釈と信仰』神社新報社 1962年
稲村眞里、他『祝詞作文』神社新報社 1956年
國學院大學日本文化研究所編『神道事典』(縮刷版) 弘文堂 1999年
安津素彦、他監修『神道辞典』神社新報社 1968年
宮地直一、他監修『神道大辞典』(縮刷版) 臨川書店 1937年
倉野憲司校注『古事記』岩波文庫 1963年
中村啓信訳注『新版 古事記 現代語訳付き』角川ソフィア文庫 2009年
神社本庁教学研究所監修『神道のしきたりと心得』池田書店 1993年
神社本庁教学研究所監修『神道いろは』神社新報社 2004年
神社本庁教学研修所編『わかりやすい神道の歴史』神社新報社 2005年
井上順考編『図解雑学 神道』ナツメ社 2006年
井上順考『図解雑学 宗教 最新版』ナツメ社 2011年

北川 達也（きたがわ たつや）

1971年10月、東京生まれ。國學院大學神道文化学部 卒業。

全国約八万の神社を包括する神社本庁から、神職としての
学識が認められ、神職養成機関で取得できる最高階位である
「明階」を授与される。
神職養成の実習は、三重の伊勢神宮や島根の出雲大社、
東京の明治神宮などで修める。

2005年9月より現在に至るまで、ソフトウェア開発の会社
経営を行っている。この目的は、「世のため、人のため」という
「神道的な精神」を社会生活の場で応用実践することにある。

神道的な精神を伝えるために、「北川達也の定例セミナー」を
毎月開催している。

北川達也 オフィシャルファンサイト
https://www.kitagawatatsuya.jp

祈り方が9割 願いが叶う神社参り入門

2018年12月 1日　第1刷発行
2018年12月10日　第2刷発行

著　者　北川 達也
発行所　株式会社COBOL
〒101-0054　東京都千代田区神田錦町2-1-8　竹橋ビル3F
発売所　日販アイ・ピー・エス株式会社
〒113-0034　東京都文京区湯島1-3-4
電話/03-5802-1859
©Tatsuya Kitagawa,2018　Printed in Japan
ISBN 978-4-909708-00-7 C0030

古代日本から伝わる誰もが知りたい
幸せになるためのノウハウを厳選。
期間限定で公開中！

祝詞プレゼント

オリジナルの祝詞を **無料プレゼント** 致します。
祝詞を手に入れて、一歩先行く **神社参り** をしましょう！
また、メールにて、本書の紙面で書けなかったことも、
こっそりと、お伝えします。
このプレゼントは、予告なく終了する場合があります。
あらかじめご了承ください。

保存版　オリジナル祝詞の内容
「天津祝詞」「唱詞」「神拝詞」
（PDF ファイル）
※PDF ファイルは電子メールで送付するものです。冊子ではありません。

今すぐアクセスください

https://www.kitagawatatsuya.jp